JN231654

シングル単位思考法でわかる

デートDV予防学

伊田広行

はじめに――
これからの人間関係で役立つ、デートDV予防学

私は大学や高校でデートDV防止教育や、被害者支援の一環として、DV加害者の更生を目指すDV加害者プログラムを実施しています。また、デートDVやDV、ストーカーについて執筆もしてきました。本書は、それらと一部は重なりますが、高校生や大学生、できれば中学生のみなさんにむけて、改めてデートDVやストーカーについて、一歩突っ込んだ説明をしています。また、正しくこの問題を理解してもらえるように、みなさんの本音の疑問や反発に答えることも心がけました。ですから、デートDVについてまったく知らない人はもちろん、これまでにデートDVの入門書を読んだことがある人にも、新しい内容となっていると思います。

本書の特徴は、私がデートDV予防教育をおこなううえで強調している「**シングル単位**」という考え方でデートDVを説明していることです。多くの人が、この「シン

グル単位」という考え方を知って、「今までとまったくちがう視点でデートDVのことがわかり、眼からうろこが落ちました」「普通だと思っていた自分の恋愛観がまちがっていたことがわかりました」という感想をくれます。このシングル単位という考え方は、恋愛関係にとどまらず、親子関係や先輩後輩関係、友だち関係などにも応用することができます。部活などでの上下関係や友だちとのしんどい関係など日常の人間関係から、いじめやパワハラ、虐待など身の危険をともなう重要な関係についてまで、どう対処したらいいかを考える「コツ」がシングル単位には含まれています。

ですから**恋人がいない人、交際経験がまだない人、恋愛に興味がない人にも、本書は役立つ内容になっています**。また、友だちの恋愛などの相談に適切にのることにも役立つので、ぜひデートDVについて学んでみてください。

みなさんが本書を通じて、恋愛のことだけでなく、性のこと、人間関係のことで何か大事な「コツ」を見つけてもらえれば幸いです。

目次

5章 恋愛のトラブル 「別れ」を考える…123

1章

「恋人はこうあるべき」……その常識がＤＶになる

よくあるカップルの「ふつうの恋愛観」

デートDVというと、「男の子が、付き合っている女の子を蹴ったり殴ったりする」というイメージがまず浮かんでくると思います。「ぼくはそんなことはしない」「私なら絶対にされない」だから「デートDVは他人の話で、自分には関係ない」と思いますよね。

そのほかにも、「DVするような男からはすぐに逃げればいいのに」「別れたら問題解決じゃん」と、DVは簡単に解決できると考えている人も多いと思います。

また、「DV加害する人の気持ちなんてわからない」「DVって男がするものでしょ？　女子のしてることはDVじゃないよね」などと考える人もいるでしょう。つまり、**DVの勉強などする必要はないと思う人**が、大半だと思います。

一方で、「好きだから毎日長電話するのはふつうのこと」「エッチな写真も恋人なら撮ってもいい。好きな人から撮影を頼まれたら応じるのが愛情」という意見に賛同する人は多いのではないでしょうか。

恋人と別れるときも、「お互いが納得して別れるべき」「相手から別れたい理由を聞く権利がある」とか「別れの原因で自分に悪いところがあるとしても謝れば許されるべきだし、簡単に別れないのが愛だ」「ストーカーはちゃんと話し合って別れなかったことが原因で生まれる」と思っている人もいると思います。

DVの被害にあったことがある人や、恋人を殴ってしまったことがある人が読者のなかにいるかもしれませんね。そんな人も、「殴られたほうが怒らせるようなことをしたから、悪いのは殴られたほうだ」と、暴力を正当化していませんか。また、DVのきっかけは嫉妬感情によることが多いですが、「愛情があれば嫉妬・束縛は当然だ」と考えていることはないでしょうか。

実は、ここに挙げたような感覚や恋愛観は、デートDVやストーカーのことを学べば、**すべてまちがい**だとわかります。

そして、こういう無意識にある「ふつうの恋愛観」に、デートDVにつながる危険因子があると知ってほしいのです。そのことを、本書では順番に説明していきます。デートDVと無縁でいるためには、いわゆる「ふつうの恋愛観」のままではだめなのです。健全な恋愛について、まずはちゃんと学んでみましょう。

【実は危険な、「ふつうの恋愛観」】
・恋人がいるのが幸せ
・愛しあっていれば、隠し事はいけない。相手のことをなんでも知っているべき
・愛が深ければ一生を誓い合い、簡単に別れない
・恋人を第一に優先し、尽くすべき

デートＤＶとは？

ここで、デートＤＶとはなにか、改めて確認しましょう。

デートＤＶとは、**恋愛関係におけるＤＶ（ドメスティック・バイオレンス）＝支配関係**のことです。デートＤＶもＤＶそのものなのですが、通常ＤＶといわれると夫婦のあいだで起こることと認識されているので、恋愛関係でもＤＶがあるということを示すため、あえて区別して「デートＤＶ」と呼んでいます。恋人によるＤＶといってもいいです。恋人と一緒に出掛けるというせまい意味での「デート中」にだけ起こる暴力のことではなく、付き合っている関係のなかで起こる「さまざまな支配＝ＤＶ」の全体をさしています。

支配とは、「相手を思い通りにコントロールする・操る」「相手の主体性を奪う」という意味です。それによって被害者の人権が侵害されるのが、ＤＶです。

この定義で考えると、加害者は男性とは限りませんし、被害者も女性とは限りません。そして、殴る蹴るといった身体的暴力はもちろん、精神的な暴力や性的暴力、束縛などを含む広い範囲の支配行為がDVとなります。

　私が作成した「DVの種類と影響の図」を掲載します（14・15ページ）。これを見れば、DVがいかに広い範囲を含むものかがわかってもらえるでしょう。けがをさせなくても、物を投げたり壁を叩いたりするなど恐怖心を与える行為や、大声を出したり「ブス」などと馬鹿にするような言葉の暴力もDVになります。相手の携帯電話をチェックしたり、いつも一緒にいることを強要する束縛や、パートナーが友だちと会うことを禁じたり、仕事や趣味活動をさせないなど孤立化させる行為もDVです。暴力や束縛などの加害を「だれでも

DV関係とは?

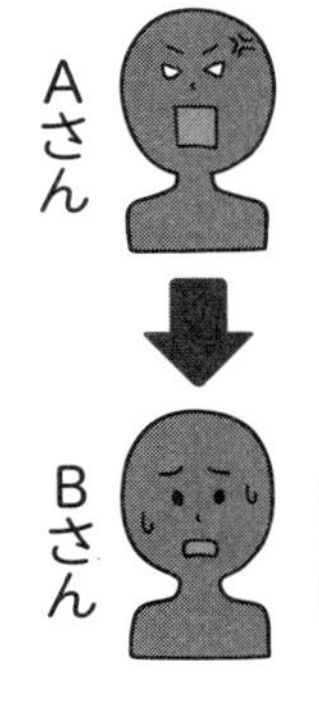

支配

Bさんの「安全、自信、自由、
自己決定、成長」が減る

図1

している」「そんなつもりはなかった」などといって矮小化（わいしょうか）したり、「そうするのがあたりまえだろ」といってメジャーな恋愛観やジェンダー意識、常識を使って相手をコントロールしようとすることもＤＶです。また、涙をみせたり弱音を言って同情させることでコントロールしたり、相手がばらされると嫌な情報を使って支配することなどもＤＶにあたります。

このように、身体的暴力だけでなく、多種多様なＤＶの形があります。

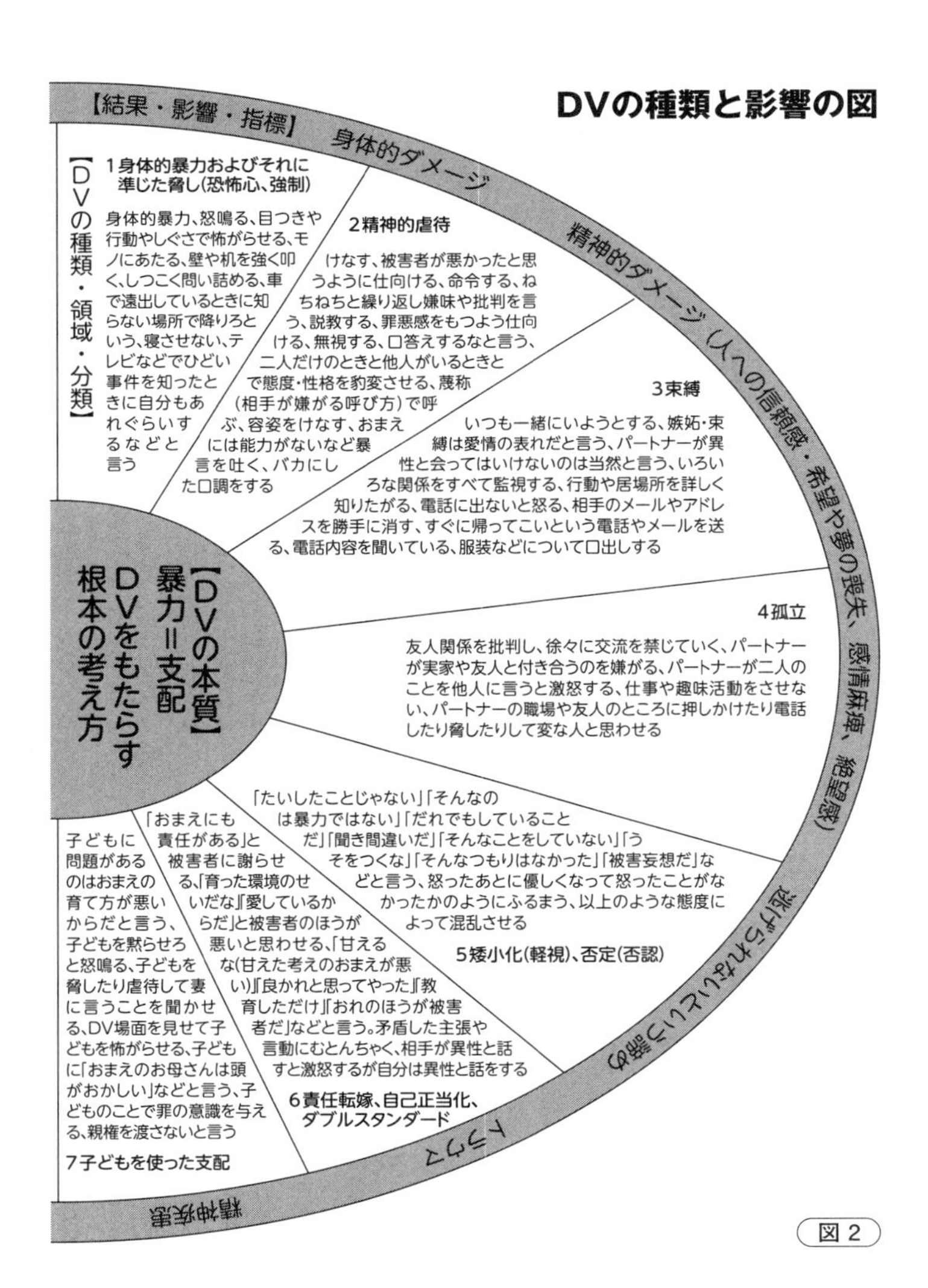
DVの種類と影響の図
【結果・影響・指標】
身体的ダメージ
精神的ダメージ（人への信頼感・希望や夢の喪失、感情麻痺、絶望感）
逃げられないという諦め
トラウマ
精神疾患
【DVの種類・領域・分類】
1身体的暴力およびそれに準じた脅し（恐怖心、強制）
身体的暴力、怒鳴る、目つきや行動やしぐさで怖がらせる、モノにあたる、壁や机を強く叩く、しつこく問い詰める、車で遠出しているときに知らない場所で降りろという、寝させない、テレビなどでひどい事件を知ったときに自分もあれぐらいするなどと言う
2精神的虐待
けなす、被害者が悪かったと思うように仕向ける、命令する、ねちねちと繰り返し嫌味や批判を言う、説教する、罪悪感をもつよう仕向ける、無視する、口答えするなと言う、二人だけのときと他人がいるときとで態度・性格を豹変させる、蔑称（相手が嫌がる呼び方）で呼ぶ、容姿をけなす、おまえには能力がないなど暴言を吐く、バカにした口調をする
3束縛
いつも一緒にいようとする、嫉妬・束縛は愛情の表れだと言う、パートナーが異性と会ってはいけないのは当然と言う、いろいろな関係をすべて監視する、行動や居場所を詳しく知りたがる、電話に出ないと怒る、相手のメールやアドレスを勝手に消す、すぐに帰ってこいという電話やメールを送る、電話内容を聞いている、服装などについて口出しする
4孤立
友人関係を批判し、徐々に交流を禁じていく、パートナーが実家や友人と付き合うのを嫌がる、パートナーが二人のことを他人に言うと激怒する、仕事や趣味活動をさせない、パートナーの職場や友人のところに押しかけたり電話したり脅したりして変な人と思わせる
5矮小化（軽視）、否定（否認）
「たいしたことじゃない」「そんなのは暴力ではない」「だれでもしていることだ」「聞き間違いだ」「そんなことをしていない」「うそをつくな」「そんなつもりはなかった」「被害妄想だ」などと言う、怒ったあとに優しくなって怒ったことがなかったかのようにふるまう、以上のような態度によって混乱させる
6責任転嫁、自己正当化、ダブルスタンダード
「おまえにも責任がある」と被害者に謝らせる、「育った環境のせいだな」『愛しているからだ』と被害者のほうが悪いと思わせる、「甘えるな（甘えた考えのおまえが悪い）」『良かれと思ってやった』『教育しただけ』『おれのほうが被害者だ』などと言う。矛盾した主張や言動にむとんちゃく、相手が異性と話すと激怒するが自分は異性と話をする
7子どもを使った支配
子どもに問題があるのはおまえの育て方が悪いからだと言う、子どもを黙らせろと怒鳴る、子どもを脅したり虐待して妻に言うことを聞かせる、DV場面を見せて子どもを怖がらせる、子どもに「おまえのお母さんは頭がおかしい」などと言う、子どものことで罪の意識を与える、親権を渡さないと言う
【DVの本質】
暴力＝支配
DVをもたらす
根本の考え方
図2

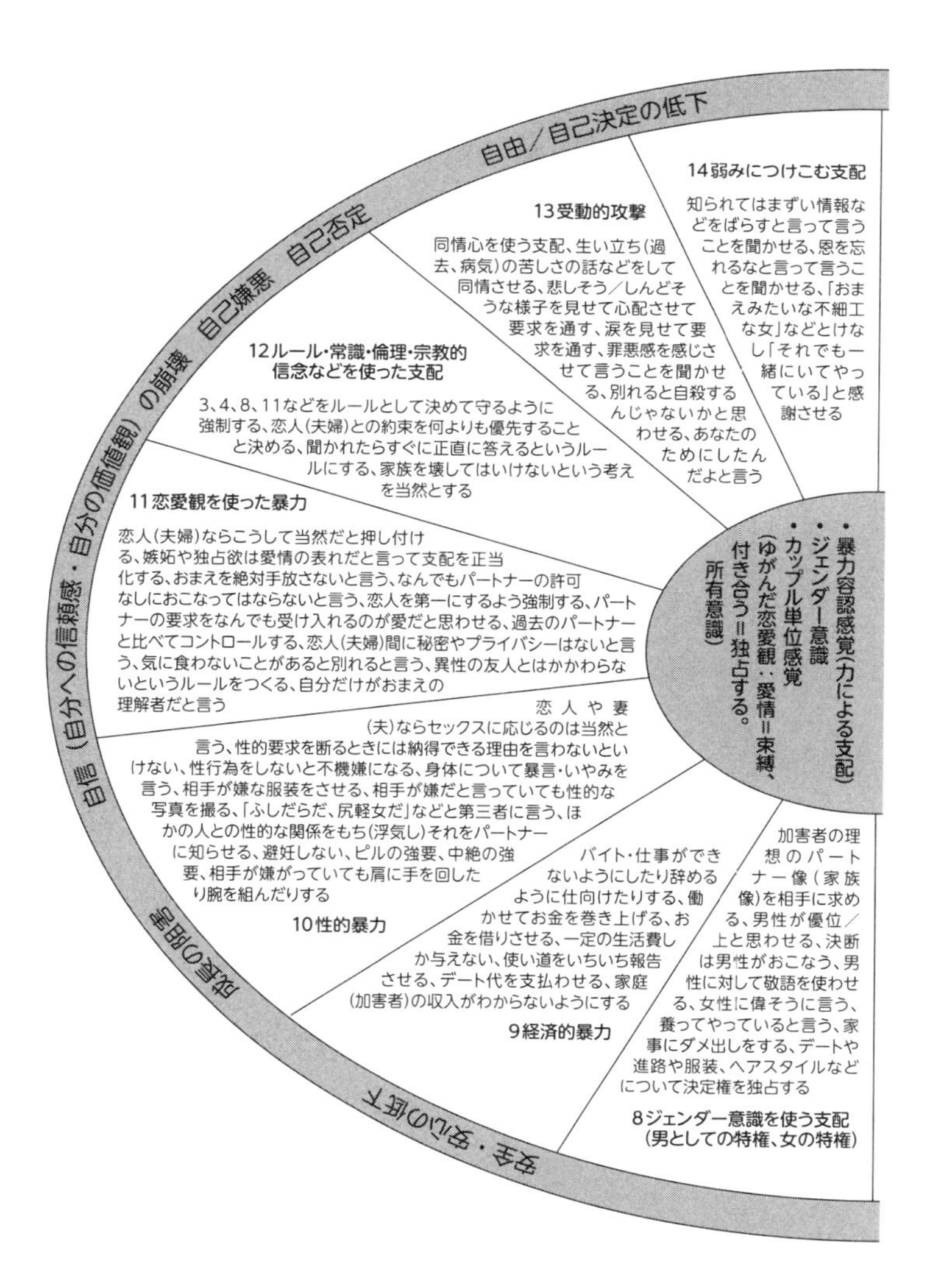
自由／自己決定の低下
自己否定
自己嫌悪
自信（自分への信頼感・自分の価値観）の崩壊
成長の阻害
安全・安心の低下
・暴力容認感覚（力による支配）
・ジェンダー意識
・カップル単位感覚
（ゆがんだ恋愛観：愛情＝束縛、付き合う＝独占する。所有意識）
14弱みにつけこむ支配
知られてはまずい情報などをばらすと言って言うことを聞かせる、恩を忘れるなと言って言うことを聞かせる、「おまえみたいな不細工な女」などとけなし「それでも一緒にいてやっている」と感謝させる
13受動的攻撃
同情心を使う支配、生い立ち（過去、病気）の苦しさの話などをして同情させる、悲しそう／しんどそうな様子を見せて心配させて要求を通す、涙を見せて要求を通す、罪悪感を感じさせて言うことを聞かせる、別れると自殺するんじゃないかと思わせる、あなたのためにしたんだよと言う
12ルール・常識・倫理・宗教的信念などを使った支配
3、4、8、11などをルールとして決めて守るように強制する、恋人（夫婦）との約束を何よりも優先することと決める、聞かれたらすぐに正直に答えるというルールにする、家族を壊してはいけないという考えを当然とする
11恋愛観を使った暴力
恋人（夫婦）ならこうして当然だと押し付ける、嫉妬や独占欲は愛情の表れだと言って支配を正当化する、おまえを絶対手放さないと言う、なんでもパートナーの許可なしにおこなってはならないと言う、恋人を第一にするよう強制する、パートナーの要求をなんでも受け入れるのが愛だと思わせる、過去のパートナーと比べてコントロールする、恋人（夫婦）間に秘密やプライバシーはないと言う、気に食わないことがあると別れると言う、異性の友人とはかかわらないというルールをつくる、自分だけがおまえの理解者だと言う
恋人や妻（夫）ならセックスに応じるのは当然と言う、性的要求を断るときには納得できる理由を言わないといけない、性行為をしないと不機嫌になる、身体について暴言・いやみを言う、相手が嫌な服装をさせる、相手が嫌だと言っていても性的な写真を撮る、「ふしだらだ、尻軽女だ」などと第三者に言う、ほかの人との性的な関係をもち（浮気し）それをパートナーに知らせる、避妊しない、ピルの強要、中絶の強要、相手が嫌がっていても肩に手を回したり腕を組んだりする
10性的暴力
バイト・仕事ができないようにしたり辞めるように仕向けたりする、働かせてお金を巻き上げる、お金を借りさせる、一定の生活費しか与えない、使い道をいちいち報告させる、デート代を支払わせる、家庭（加害者）の収入がわからないようにする
9経済的暴力
加害者の理想のパートナー像（家族像）を相手に求める、男性が優位／上と思わせる、決断は男性がおこなう、男性に対して敬語を使わせる、女性に偉そうに言う、養ってやっていると言う、家事にダメ出しをする、デートや進路や服装、ヘアスタイルなどについて決定権を独占する
8ジェンダー意識を使う支配
（男としての特権、女の特権）

事例からみるデートDV

デートDVのことが少しはわかっていただけたでしょうか。具体的にわかってもらうために、実際に私の授業を受けた学生の事例を紹介します。

事例－1

私は高校生ですが、大学生と交際しています。「髪を切ってほしい」という要求から始まり、「ライブに行くな」「（携帯をチェックされ）男友だちをブロックしろ」と言われるようになりました。「浮気をするから信用できない」と、出かけるときは許可を取るように強要されています。言うことを聞かないと「別れる」「殺す」などと脅すような暴言がでてきます。友だちと遊びにいくだけでも「だれと会っていたんだ？」「男だろう」「証拠を出せ」と電話で怒鳴ります。
殴られたこともあり、そのときには警察沙汰になりました。彼はそのときは反省しましたが、その後、「お前が警察沙汰にするからこうなったんだ」「何がデートDVだ！」と怒るようになりました。

事例1−2

友人の5歳年上の彼は束縛が強く、彼女が飲み会に行くと電話して確かめるようなことをしていました。また、彼女が決心するまえに彼の両親に会わせて、結婚に追い込むような状況を作っていました。実家暮らしで門限のある彼女を実家から出すために、就職先を彼が決めていました。彼女が反論すると罵倒し、彼氏とケンカするたびに相談を受けていました。それでも彼女は「別れられない」と言っていました。

事例ー3

付き合い始めたころは、彼女から甘えられることがうれしく、かわいいと思っていました。ワガママすら愛おしいな、と思っていました。しかし、ワガママはどんどんエスカレートして、彼女の好き嫌いで物事を決めて、僕の意見はいつも無視。つらくてため息をすると「なにため息してるの！」と怒られ、彼女の前では嫌な顔は一切できませんでした。他の女の子と二人きりでご飯に行くことは禁止、女友だちや知り合いのLINEも最低限しか許してもらえませんでした。スマホのパスワードも知られていて、いつでも中身をチェックされていました。先の予定を報告するよう求められたり、家が遠いのに夜中に呼び出され寝つくまで付き合わされたりしました。LINEの既読がつかないと怒られ、メールの返信も、最初は30分以内が10分以内にされ、ついにはメッセージを見たらすぐ返さなければ電話が何回もかかってくるようになりました。そのたびに怒られるので、片時も携帯を離せず、お風呂やトイレにまで持ち込むことが増えました。当然、学校の成績はがた落ちで寝不足にも。彼女とのクリスマスデートのお金がなく、ゲームや漫画を売って工面しました。彼女も自分も、デート代は男が出すものと思っていました。「付き合っているのだから、これくらいあたりまえ」「彼女のさみしさを受け止めることができるのは自分しかいない」と思っていましたが、無理をしすぎて体調を壊してしまいました。当時はそうとは思っていませんでしたが、授業で学び、デートDVだったとわかりました。

DVを判定するキーワード「安全・自信・自由・成長」

デートDVとは付き合っている相手への支配であり、被害者の人権を侵害するものだ、と説明してきました。でも、それだけではまだ抽象的ですよね。さらに踏み込んでもっと具体的に言うなら、**相手の「安全・自信・自由・成長」を奪うことがDVだ**と、私は提唱しています。

先程のDVの事例1～3を振り返りながら、「安全、自信、自由、成長」を奪うということを具体的に見ていきましょう。

「安全が奪われる」状態とは、身体暴力や暴言によって安心感が奪われたり、相手の意志に反することを言うと怒られると思ってビクビクしている状態です。事例1でいえば、殴られ怒鳴られたり、「言うことを聞かないと『別れる』『殺す』などと脅される」というのが、これにあたります。事例3のスマホのパスワードを知られるというのも、プライバシーの侵害で安全性が損なわれています。すぐに返事をしないと何度も電話がかかってくることに恐怖を感じているのも、安心感が奪われています。

「自信が奪われる」とは、「お前がまちがっている」「こんなことも知らないのか」「バカ、ブス」などと被害者の自己肯定感を低めることです。自己肯定感を低めることで、相手を支配しやすくなります。ＤＶされても「こうなっているのは私が悪いからだ」と自責の念を持つように仕向けることができます。事例３でいえば、意見が無視されることはもちろん、恋人としての期待を押し付けられてそれに応えられないと攻撃され、「自責の念」をもたされている状態は、自信を奪われています。

「自由を奪われる」とは、文字通りの意味です。事例１でいえば、「髪を切ってほしい」と言われることで「好きな髪形にする自由」が奪われていますし、事例２では、結婚しない自由や好きなところで働く自由が奪われています。事例３ではため息をついたら怒られるため「正直な気持ちを表す自由」もありません。「友だちとドライブに行く自由」「異性友だちと遊んだり連絡する自由」も奪われています。「夜中に呼び出される」のも自分の時間を好きに過ごす自由が侵害されています。

「成長を奪われる」とは、勉強や仕事、スポーツや交友などを通して人間として大きくなる機会を奪われることです。友人関係や新しいことへのチャレンジが制限されたり、相手を優先して勉強や仕事が邪魔されると、成長の機会が奪われることになります。

事例1でいえば、ライブに行くことを禁じられ、男友だちをブロックさせられ友人関係を邪魔される行為は、成長する機会を奪っています。事例3では、夜に呼び出されたりバイトをさせられることで勉強の機会を奪われていますがこれは、成長の阻害です。恋人の期待に応えるために無理をしすぎて体を壊しているのも同様です。

このように、DVの「暴力」や「人権侵害」が具体的になにを指すのかわからないときに、4つのキーワードに照らすことで、それがDVかそうではないかが見えてきます。「嫉妬や束縛をされてうれしい人」は「束縛はDVです」といわれても納得できないですよね。そのとき、「安全・自信・自由・成長」が妨げられていなければ、それはDVではありません、といえば納得していただけるのではないでしょうか。

DVの判定基準

この4つを侵害しているか、
逆に応援しているかで決まる

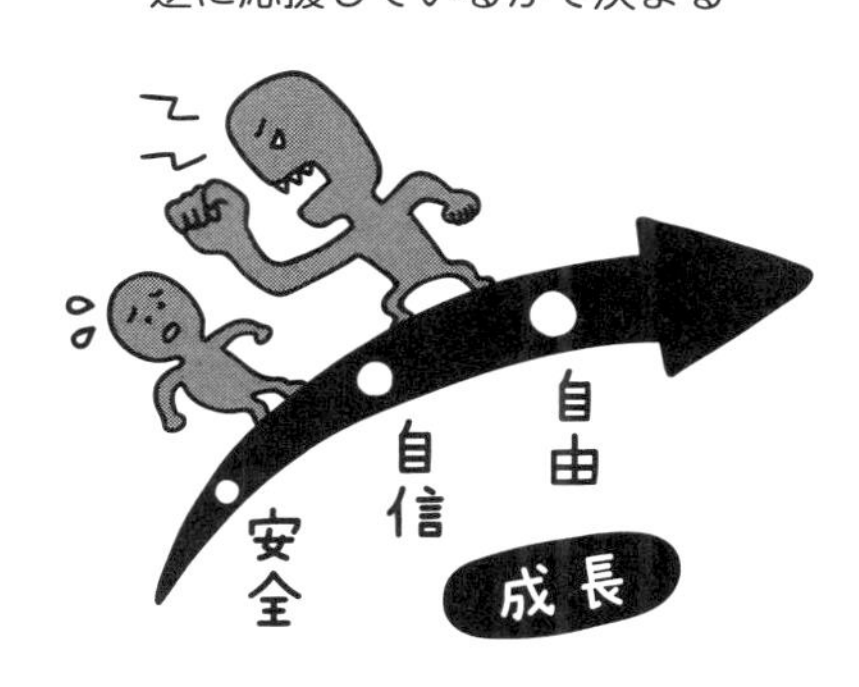

図3

恋人とのあいだに「安全・自信・自由・成長」がちゃんとあれば、その関係はDVではありません。ぜひ、この4つのキーワードを覚えておきましょう。

自分たちの恋愛関係を良いものにするためにも、友人の相談にのるときにも、「お互いの安全、自信、自由、成長が邪魔されていないかな、DVになっていないかな」とチェックしてみましょう。

どこからがＤＶ？　ＤＶのグレーゾーン

ところで、「安全・自信・自由・成長」を阻害するといっても、そこには程度の差があります。つまり、ＤＶの程度には強弱があり、明確にＤＶといえるもの以外にも「ＤＶとまではいえないがＤＶの要素を持っている軽い程度の言動」があり、そうしたＤＶとＤＶでないものとのあいだの中間的なところを、**グレーゾーン**と呼んでいます。

殴る・蹴るなどの身体的暴力や、束縛や監視をして命令に服従させようとする行為はもちろんＤＶですが、相手の顔色をうかがわなければならなかったり、相手の言動によって自分に自信がなくなったりすることも、軽いＤＶにあたります。

このＤＶの段階を図解したものが、**「グレーゾーンの図」**（25ページ）です。**ＤＶの程度、強弱**を図にしています。拙著『デートＤＶと恋愛』（２０１０年発行）で発表して以来、各所で使用していただいている図です。

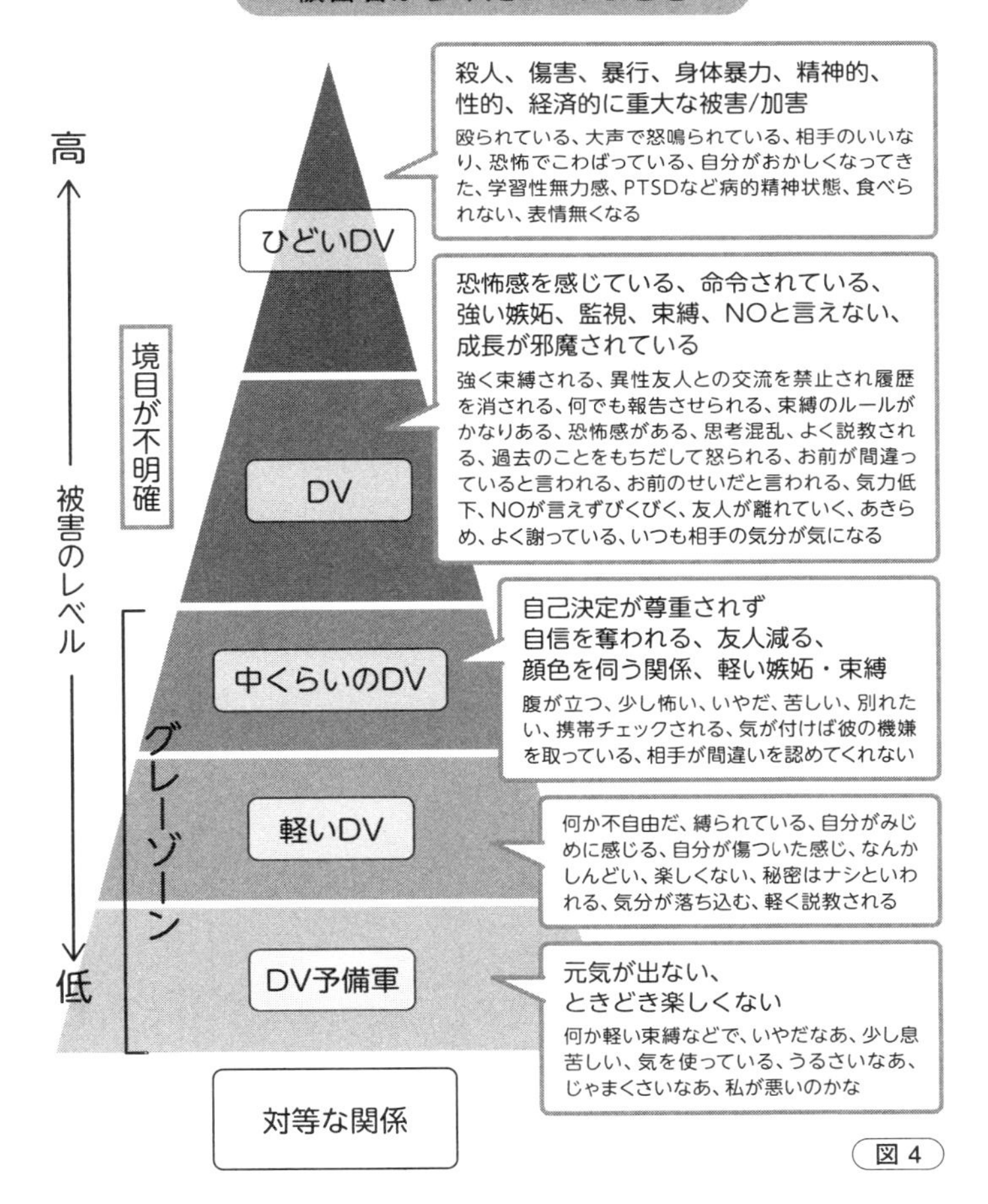
グレーゾーンの図
被害者からみたDVのひどさ
高
低
被害のレベル
境目が不明確
グレーゾーン
ひどいDV
殺人、傷害、暴行、身体暴力、精神的、性的、経済的に重大な被害/加害
殴られている、大声で怒鳴られている、相手のいいなり、恐怖でこわばっている、自分がおかしくなってきた、学習性無力感、PTSDなど病的精神状態、食べられない、表情無くなる
DV
恐怖感を感じている、命令されている、強い嫉妬、監視、束縛、NOと言えない、成長が邪魔されている
強く束縛される、異性友人との交流を禁止され履歴を消される、何でも報告させられる、束縛のルールがかなりある、恐怖感がある、思考混乱、よく説教される、過去のことをもちだして怒られる、お前が間違っていると言われる、お前のせいだと言われる、気力低下、NOが言えずびくびく、友人が離れていく、あきらめ、よく謝っている、いつも相手の気分が気になる
中くらいのDV
自己決定が尊重されず自信を奪われる、友人減る、顔色を伺う関係、軽い嫉妬・束縛
腹が立つ、少し怖い、いやだ、苦しい、別れたい、携帯チェックされる、気が付けば彼の機嫌を取っている、相手が間違いを認めてくれない
軽いDV
何か不自由だ、縛られている、自分がみじめに感じる、自分が傷ついた感じ、なんかしんどい、楽しくない、秘密はナシといわれる、気分が落ち込む、軽く説教される
DV予備軍
元気が出ない、ときどき楽しくない
何か軽い束縛などで、いやだなあ、少し息苦しい、気を使っている、うるさいなあ、じゃまくさいなあ、私が悪いのかな
対等な関係
図4

この図をみれば、なんでもかんでもDVというわけではなく、束縛でも言葉の暴力でも、その程度によってDVといえるものもあれば、いえないものもあり、その中間に「少しDV的」といえるものがあることが認識できます。この「少しDV的」といわれる部分については、「私にもこういう経験があるな」と思いあたる人も多いのではないでしょうか。つまり、この図によって多くの人が**自分の加害性や被害性を適切に認識**でき、DVが他人事ではなく自分の問題だと理解できるようになります。また、軽いDVから重いDVまでの連続性を知ることで、**暴力への感度が磨かれます**。そうすると、**軽い程度のものまで「注意しておかなくてはならないもの」だとわかる**し、自分がどのように変わっていけばいいかの方向性も明らかになります。

DVの授業を聞いた学生からのよくある質問が、「なにがDVなのか、わからなくなってしまった。束縛や嫉妬は、どこまでが愛情表現でどこからがDVなんですか？」というものです。これに答えるために、先の「DVの種類と影響の図」（14・15ページ）と合わせてグレーゾーンの図が示すDVの程度・強弱を理解することが必要です。

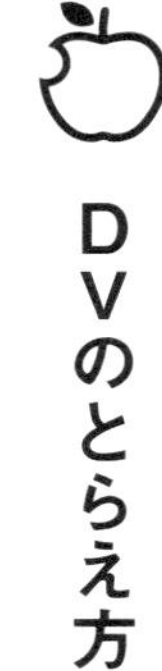

DVのとらえ方

さて、そうはいってもこのグレーゾーンの図で示されている例が、的確にDVの程度を示しているわけではありません。たとえば、「説教される」「大きな声で話す」ということも、その程度や文脈などによってレベルがちがってきます。軽く「肩や頭を叩く」行為が、親愛の表現でなんら問題のない行為のときもあれば、「頭をなでる」「耳元に小さな声で『わかってるよね』とささやく」ことが、恐怖を与えるDVになることもあります。なにがDVかを機械的にとらえようとしても、そう単純にはいきません。

つまり、相手との関係性や過去の経験、行動の程度や頻度（ひんど）などで総合的に「DVのひどさ」を判断する必要があります。説教も、1分するのと10分するのと、3時間するのとでは重みがちがいます。小言や嫌味も、毎日言うのと半年に1回言うのとでは、ちがいます。過去にDV的な関係で怖い目にあっていれば、今、「第3者には一見軽そうにみえる言動」も、当事者にはひどいＤＶになりえます。このように、ＤＶになるかならないかを左右する要素はさまざまです。それをまとめたものが、図５です。こうした項目で総合得点が高いほど、ＤＶ加害行為の程度（被害者から見れば被害程度）が高いことになります。

同じことをされたり言われたりして、平気な人もいれば嫌がる人もいます。嫌がる人にその行為をしてはいけません。社会平均的な基準も大事ですが、平均的には問題なさそうな言動でも、特定のＡさんには恐怖を与える言動である場合があり、注意が必要です。

逆に、「ＤＶの種類と影響の図」（14・15ページ）を見ると、たくさんのことがらがＤＶになる

DVになるかならないかの要素

- ☑ 個人的感覚
- ☑ 程度
- ☑ 頻度（時間）
- ☑ 関係性
- ☑ 文脈（経緯）
- ☑ 客観的・社会的平均

図５

ことがわかりますが、だからといって、なんでもかんでも十把一絡げにＤＶというわけではないのです。何事にも程度があり、軽いものならばＤＶとまでは呼べないものがあります。しかし、だからやってもいいということでなく、その行為が相手の「安全・自信・自由・成長」を阻害すれば、やはり危険性を持った問題なのです。グレーゾーンの図や図5を参考に、早い段階で「これはＤＶにあたる危険性がある言動だ」と気づき、それが悪化してＤＶにならないようにする、つまり、グレーゾーンの図の下のほうに向かうことが大事なのです。

ここで、「グレーゾーン」を学んだある学生の感想を紹介しておきます。ＤＶにはさまざまなレベルがあることや、軽いものも徐々に程度の重いＤＶやストーカーになりうることを学んだあとの感想です。

中学、高校の授業でデートＤＶについて学習したが、そのときに見たビデオなどには、女の人が男の人から殴る、蹴るなどの暴行を受けている映像や、明らかなストーカー行為の映像が流され、私を含めたほとんどの生徒が、今の自分たちには到底関係ないと思っていた。

しかし、伊田先生から学んだデートDVは、私たちが知っているデートDVとは大きく異なっていた。自分たちにとっても「とても身近なこと」が、デートDVにあたることがあるのだ。中学、高校などで習ったデートDVは、デートDVのなかでもレベルがとても高く、重度のものだけを教えられていたことがわかった。実際にはデートDVにはもっと下のレベルのグレーゾーンや予備軍などがあり、そのことを知らないと、「自分はやっていない」と安心してしまう危険があるのだ。

取り扱い注意なグレーゾーン

グレーゾーンを学ぶことで誤解してはならないことがあります。DVに「程度」があることを学ぶことは、「軽いものならしてもいい」という話ではまったくない、ということです。交際相手に説教を10分したことがあるけど、3時間ではなかったから問題ない……と考えるために、グレーゾーンの図があるのではありません。その逆で、**軽いものにも危険性があり、DVと無関係ではない**ことを理解してほしいのです。**人権感覚に敏感になり、軽い段階のものものもしないような高いレベルの平等・尊重の関係を築いてほしい**のです。

また、「軽いDV」などという言い方が独り歩きすると、DVを軽視する感覚の容認に悪用されかねない、という懸念もあります。DVのひどさは総合的に理解されるべきで、**ある人の主観でこれは軽いと思っても、別の人にとっては重いDV**ということがあります。個人的感覚の差異に加えて、言い方、過去の経験、相手との関係性、その行為にいたる文脈などが絡むのです。たとえば、「チッ」と舌打ちするだけでも、ある被害者にとってはとても恐怖を感じる重いＤＶ言動となります。被害者の痛みを感受できない人が、「そんなのはＤＶではない」「被害妄想だ」「こんなのは軽いことで、ＤＶだなんていうべきじゃない」とＤＶを正当化するためにグレーゾーンをつかったら、それは誤用・悪用といえます。

むしろグレーゾーンの図は、軽いものもＤＶと無関係なのではなく、ＤＶの要素（安全・自信・自由・成長を阻害するもの）があり軽視したり容認したりすべきではないですよ、とわかってもらうための装置なのです。暴力や人権に敏感になると、今まで「問題ないと思っていた言動」も（程度は軽いとしても）ＤＶやパワハラ・セクハラになることがわかって、相手への言動がより注意深いものになります。そうした人が増えてこそ、学校や職場がだれにとっても安全で快適な場所になります。

デートＤＶ被害の実態

ところで、デートＤＶはどれくらい起こっているのでしょうか。実は、デートＤＶは非常に多く見受けられます。ＤＶの範囲をどの程度まで含めるかや、調査の仕方によって差がありますが、比率が低いとみなされる調査でも、付き合っているカップルの10組に１組程度、多くの調査では３～５組に１組が、デートＤＶを経験しています。緩やかな束縛などを入れると恋愛している人の半分ぐらいがなんらかの被害経験・加害経験があるのです。

最近の調査に、ＮＰＯ法人エンパワメントかながわなどがおこなったデートＤＶに関する広域調査（２０１７年発表）があります。これは、２０１６年に東京、岩手、埼玉、千葉、神奈川、静岡、宮崎、長崎などの中高大学で、総合学習などデートＤＶの啓発授業後にアンケート調査を実施した内容で、女性１３２１人、男性８０１人、合計２１２２人から得た回答を分析したものです。

それによると、交際経験がある人に、行動の制限、精神的暴力、経済的暴力、身体的暴力、性的暴力の５種類、計30項目について経験があるか聞いたところ、女性の44・５％、男性の27・４％が少なくともひとつを経験していました。10代でも、女性43・８％、男性26・７％と、20代と同じような割合でした。

女性の被害では、「裸や性行為の写真を要求する」は９・６％、「避妊に協力しない」６・２％、「返信が遅いと怒る」24・２％、「他の異性と話をしないと約束する」15・４％、「友人関係を制限する」14％となっていました。

つまり、女性は半分近く、男性でも４人に１人程度と、かなり高い割合で被害経験があるということです。

もうひとつ、最新の内閣府調査「男女間における暴力に関する調査」（２０１８年３月発表）のなかの「交際相手からの暴力」を見てみると、女性の約５人に１人、男性の約９人に１人が被害を受けていました。また、「同居する交際相手からの暴力の被害経験」は、女性の約60％、男性の約30％が同居相手から被害を受けたことがあると答えています。同居すると、とくにＤＶ被害の比率が高くなっていることが顕著です。

さらに、被害を受けているにもかかわらず、男性の約半分、女性の約40％は、どこにも相談していませんでした。被害を受けた人のなかで、女性の約５人に１人、男性の約８人に１人は、命の危険を感じるほどのＤＶでした。また、ストーカー被害の約30％が交際相手・元交際相手からのものでした。

デートＤＶ予防教育の必要性

このように、デートＤＶはかなり広範囲に見られるものです。加害者もそれと気づかずにＤＶしているので、予防教育が大切なのです。学べば気づき、変わる可能性が高まります。予防教育は、すべての人が中学生の時期から学ぶべきと考えます。なぜ中学生の時期からかというと、高校生や大学生から「恋愛経験をするまえに知っておくべき」という意見を非常に多くもらうからです。

デートＤＶ防止ユースネットがおこなった「恋愛に関するアンケート結果報告」（インターネット調査、８３３人回答、２０１８年3月発表）によると、「デートＤＶについて学校で学ぶとしたら、いつがいいと思いますか？」という問いに対する回答として、小学生以下が35％、中学生が50％、高校生以上が15％でした。

中学生のころから予防教育を始め、経験が伴う高校生、大学生など各年齢段階に応じたデートＤＶ教育をさまざまな手法で何度も受けることが必要と思います。１回では不十分ですが、たった1回でもやるかやらないかには大きな差があります。一度でも予防教育を受けていると、被害者が被害に気づきやすくなったり、加害者が自分の加害について指摘されたときに、「意味がまったくわからない」ということがなくなります。デートＤＶ教育の意義は、必ずあります。

予防教育を受けたあとの高校生の感想として典型的なのは、「ＤＶは『殴る蹴る』だけではなく、言葉の暴力などたくさんの種類があり、自分にも関係あるとわかった」「ＤＶしないように、されないように、注意しようと思う」「自分がされたら、我慢せず絶対に相談しようと思う」といったものです。また、大学生では以下のような感想があり、予防教育に意義があることが確認できます。

デートＤＶについて学んで、自分が彼女にしている行為もＤＶではないかと思った。彼女とケンカしたとき、今まで自分が彼女に費やした時間やお金の話を持ち出したことがある。彼女は反論してこなかったが、これはＤＶだった。彼女と別れたくないという思いからくる「束縛」だと気づいた。思いもよらぬことがDVになるということを認識し、相手の気持ちに配慮した行動を心掛けたいと思った。

デートDVをはじめてちゃんと学んで、ふと思ったことがある。デートDVの一つに「監視」があるが、私は以前、それに近いことをしていたかも知れない。高校のときに付き合っていた彼女が、本当に私を好きなのか信じることができない時期があった。その当時、私も彼女もツイッターをやっていたので、彼女がどんな人とリプライを交わしているのか、だれのツイートをお気に入りに登録しているのかを頻繁にチェックするようになった。また、彼女は特に仲の良い女子だけで「裏アカウント」を持っていたのだが、私はそれを見つけ出し、度々チェックするようになった。私はDVなど絶対にしない自信があっただけに、今回学んで、自分が監視やストーカーにつながるような行為をしていたことに気づき、恐ろしくなった。
必死で好きな人を追いかけていたら、いつの間にかＤＶになっていたということも十分にありうると思う。冷静になって自分を見つめ直せてよかった。

授業を聞いて、ＤＶのグレーゾーンに、日常でよく見かける行為が含まれていて驚きました。たしかにそれぞれの行動は人権を侵していて、デートＤＶの恐ろしさはグレーゾーンにあると感じました。嫌だな、という出来事が積み重なると、少しずつその状態に慣れ、デートＤＶに対する免疫力がついてしまいます。ちょっとのことなら我慢できるようになり、気づかないうちにひどいＤＶに至るかもしれません。ささいなことでも「これがいつかＤＶにつながるかもしれない」「これはもしかしたらＤＶかもしれない」という意識を持つことが大切だと感じました。

2章

人生に役立つ「シングル単位」思考法

愛し合う二人は一心同体という、「ふつうの恋愛観」の問題

デートDVをなくすためには、1章で見た「ふつうの感覚」を修正する必要があります。そのための一番重要なポイントが、人間関係への理解を**「カップル単位」**の考えから**「シングル単位」**の考えに変えることです。

「ふつうの恋愛観」では、交際相手は自分と一体の特別な存在で、甘えても依存してもいいし、気を使わず、互いに自分をさらけだすことが大切とされています。男性と女性が愛しあい結合し、相補いあっている状態が理想と思いがちです。しかし、この状態では、恋人のあいだ、夫婦のあいだに他者性がなくなり、「相手は自分のもの」という感覚におちいりやすくなります。そうすると、相手は自分の気持ちをわかってくれて当然、とか、相手は自分の思い通りになるべき、など、DV的な感覚を正当化することになりがちです。「相手の言うことをなんでも聞くのが愛だ」とか、

「お互いに秘密はいけない」とか、「相手を第一に優先しないといけない」といった感覚にもつながりやすくなります。相手を怒鳴ったり叩いても、「夫婦・恋人内の問題だから他人が口を出すな」と暴力を正当化しやすくなります。さらに進むと、「俺の女だから俺がしつけてやる」といった支配・服従の考えに陥る人も現れます。他人を叩くことはダメだ、と思っている人も「恋人や妻は他人ではないから、少しくらい怒鳴ったり叩くのも、ほかの人にするのとは意味がちがう」と考えがちです。この考えの裏側には、相手と自分は一体だから、**相手を叩くのは自分を叩くようなもの、愛情あるがゆえだ、という感覚があります。なので、ＤＶ的な行動も問題とは思いにくく**なってしまうのです。これが、「カップル単位」での恋愛感覚です。

「カップル単位」から「シングル単位」へ

だから、DVをなくすためには、これまで常識と思われていたカップル単位的な恋愛感覚自体を見直すことが大切なのです。

それでは、カップル単位ではない恋愛感覚・恋愛観とはどのようなものなのでしょうか。そこで登場するのが、**「シングル単位」**という考え方です。

交際相手を「自分の一部」「自分の思い通りになる存在」「自分の期待通りであらねばならない存在」と考えるのが「カップル単位」でした。これに対して「シングル単位」は、いくら恋人や家族でも、「相手は相手、自分は自分」と、まずお互いの存在を切り離します。そうすると、相手は自分の理想通りである必然性はないし、自分がコントロールすべきものでもない、という考えになるはずです。交際相手は自分の所有物ではなく、プライバシーがあり、相手の自立性/自律性を尊重しなければならない、と考えるはずです。これが、「シングル単位」の恋愛感覚です。他者性を認め

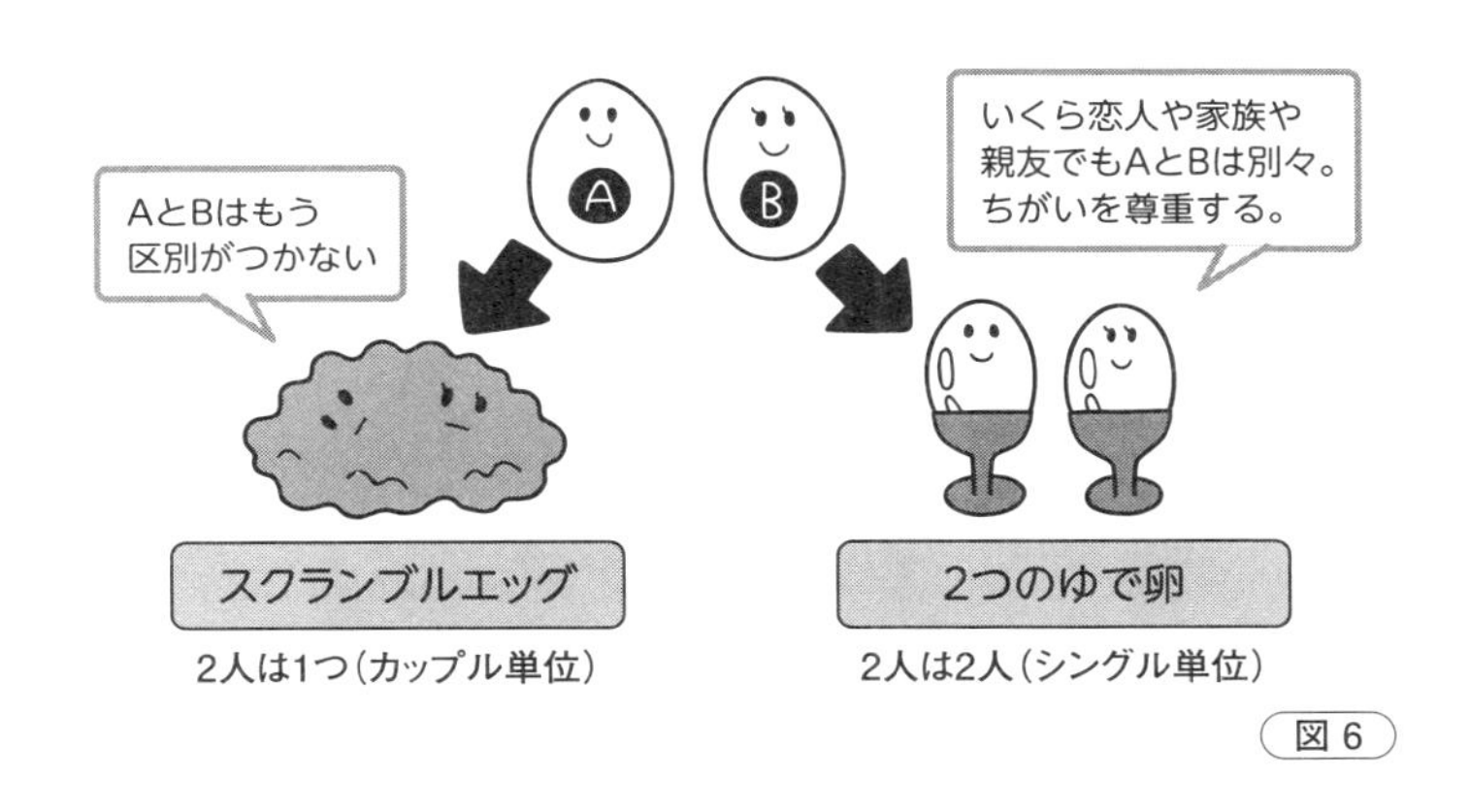

図6

ることで、相手を尊重し、自分とはちがう多様な価値を認めることができます。

「カップル単位」と「シングル単位」は卵に例えることができます。卵は、一人の人間を表現しています。

「カップル単位」は、2つの卵が「スクランブルエッグ」になった状態です。2つの卵はまじりあい、どこまでがAの卵でどこまでがBの卵か、わからなくなっています。そのため、強いほうの意志にひっぱられ、AもBも同じように感じたり行動しないといけなくなります。一見、一心同体で良いように思えますが、ちがいも境目もないというのは、離れたりちがう意見をもつことが許されず、ＡＢ各人、特に弱いほうの自由がなくなるわけです。だから、「カップル単位」は「スクランブルエッグ」の状態といえます。

それに対して「シングル単位」は「ゆで卵」の関係です。ＡとＢのあいだには境線があり、プライバシーや個々人の自由が守られます。お互いの意見がちがってもいいし、いつも一緒である必要もないのです。各人に自己決定の自由があり、二人が合意した場合には同じところに行き同じことをします。一緒にいてもいいのですが、いつも「一つの結論」である必要はないのです。

カップル単位の人でも、「なんでも話し合ってお互いの意見を尊重している」と感じているカップルはいます。しかし、「話し合い」においてもシングル単位かカップル単位かでその質は異なります。シングル単位の場合、一人で行動するか二人で行動するかも選択肢にいれて各人が自己決定し、その結果として「一人で買い物にいく」場合もあれば、「二人で買い物にいこう」となる場合もあります。

しかし、カップル単位の場合、「二人のすべきことはなにか」という、二人が同じことをする前提で話し合うことが多くなります。ちがう意見のままお互いを認め合うことにはなりません。また、二人で決めているようで、実際は強いほうの意見にしたがうことになりがちです。

前者の場合、二人は別々の場所に行くという選択肢もありますが、後者の場合、行き先は話し合うとしても、必ず二人は同じところに行かないといけないわけで、AとBが別々に行動するという選択肢はありません。

またカップル単位だと「二人のうちどっちがトイレ掃除する？」というような話になり性別分業が起こりがちですが、シングル単位の場合、各人が自分でトイレ掃除をするのが基本となります。これは大きなちがいです。家事をさせるというようなDVもあるので、対等な関係にはシングル単位発想が大事です。

このように、対等で非暴力的であるためには、シングル単位の恋愛観を知り、深めていくことが大切なのです。二人のあいだにちゃんと境界線を置き、お互いのちがいを尊重するのが、シングル単位（ゆで卵関係）の視点です。

別のイメージとして、カップル単位の支配・被支配の関係を「ヘビとカエル」に例えることもできます。カップル単位の弱いほう（被害者）がカエルです。一方、強いほう（加害者）はヘビです。ヘビがカエルを飲み込んでいる関係です。飲み込まれたカエルには、自由はありません。「2つのうち、片方（ヘビ）が主体で、もう片方（カエル）が従属した側」という権力関係を伴ったDV関係は、この「ヘビ飲み込み型」で表現できます。

それに対して、シングル単位は2匹のハリネズミで例えます。2匹は近づきすぎず、適度な距離を保つ関係です。ヘビにもカエルにもならず、ハリネズミの関係でいることが必要です。

ヘビ飲み込み型

（カップル単位）

カエルがヘビに
支配された関係

2匹のハリネズミ型

（シングル単位）

適度な距離を保ち、それぞれ
自己決定できる関係

図7

シングル単位思考法の具体例

大学の授業などでこのシングル単位の考え方を学んだことで、過去の自分が「カップル単位」の恋愛をしていたことに気づく学生がたくさんいます。

たとえば、ある女子学生は自分と恋人の区別がなかったために、彼が自分の言うことを聞いてくれるのが当然と思って、完全に彼に依存状態でした。また、無理をして相手の価値観に合わせたり、自分の価値観を押し付けたりし、お互いに傷つけあったといいます。別れるときも「どうして別れなければならないのか」と相手を許すことができず、学校にも行かずに一週間泣き続けたそうです。なにより、恋人が自分のすべてになっていたので、恋人と別れたあと、自分の居場所や自分の時間の使い方がわからなくなったそうです。

このように、シングル単位の視点を持たないと、恋人との関係を適切につくることができないだけでなく、別れるときにも対応できなくなります。

ある男子学生は、次のように書いてくれました。

もし、大親友が恋をして、猛アタックの末にフラれ、落ち込みながらも「俺は絶対にあの子のことをあきらめない！」と言ったら、私はどう返答するだろう。デートＤＶを学ぶ以前なら、親友との友情を大切にしたくて、「わかった、協力する」とか「どういうところが好きなの？」など、どんどん深追いさせるようなことを言ったと思う。そこに罪の意識はまったくなかっただろう。

でも、シングル単位を学んだので、ＤＶやストーカーにならないように、「もうあきらめろ」とか「ほかにいい子がたくさんいるよ」などと言って、あまり深追いさせないようにすることこそ大切なのだとわかった。

親友の立場に立って、好きならがんばってあきらめるなと応援してしまうのは、相手の拒否する気持ちを重視しない「カップル単位」的でストーカー容認的な考えですね。現に付き合っているカップルだけではなく、片思いの場合や、その周りの友人などにも「シングル単位」の考え方は大切だということです。デートDVやストーカーをなくしていくためには、シングル単位の考えをすべての人がちゃんと学ぶ必要があります。

もう一つ、シングル単位の考えが重要であるとわかる例を紹介します。これはある女子学生が自分を振り返って書いた文章です。

大事なのはそれぞれがDVにならないような考え方を身につけることだと思う。私は付き合った途端に、二人でひとつのカップルなのだという考え方をしてしまう。お互いのことを隠すことなく把握しておきたいと思うし、相手にも知っていてほしいと思ってしまう。それが行き過ぎると、シングル単位で物事を考えられなくなる。彼氏は自分の所有物だと考えてしまう。その延長線上に、依存があると思う。恋人にすべてのことを求め、依存してしまう。「こうしてほしい。こう言ってほしい」といろんなことを求め過ぎてしまうので、理想と現実のギャップが見えたとき、すごくイライラして怒ってしまう。そんな自分だからこそ、シングル単位の考えの重要性を学び、今後の恋愛に生かしていきたい。

このように、ついカップル単位的になってしまう自分を意識することから、改善は始まります。シングル単位は新しい考え方なので、なかなかすぐに実践するのはむずかしいでしょう。しかし、シングル単位を学べば、恋愛がうまくいかず苦しんできた人も、もっと楽しく恋愛できるようになるはずです。

これは、恋愛につまづいていた女子学生がシングル単位を学んだ感想です。

今まですべての恋人に対して、束縛し、独占しようとしてきたように思う。SNSに依存している若者に多いと思うが、私もメールやLINE、電話を相手に強要し、SNSで監視したり、他の女子と関わることに怒ったりしていた。少女漫画のような女子特有ともいえる恋愛観を押し付けることなどがやめられず、別れと交際を繰り返してきた。それをデートDVと思ったことはなかった。今の恋人に対しても、最初のうちは今までと変わらない態度をとっていた。でも、デートDVについて学ぶ過程で、カップル単位とシングル単位を知り、自分の考えが変わった。深い霧がかかっている場所から抜け出したような気分だった。何も見えていなかったのだな、と感じた。

相手を信頼して、相手からも信頼される、そしてお互いに一人の人間として尊重し合える付き合いができるようになって、本当によかったと思う。

自分ひとりで運転する

シングル単位感覚は、自動車の運転にたとえることができます。それぞれが自分の車に乗って、自分の判断でハンドルを動かしアクセルやブレーキを踏むのが、シングル単位ということです。それぞれが自己決定し、相手のハンドルに干渉したりしません。

これがカップル単位だと、二人が1台の車に乗っている状態です。二人のうち、力の強いほうの言うとおりにもう一人が運転しないといけない状態といえます。同じ車に乗っていて逃げられないし、いつも二人は同じところに行かなければなら

図8

ない状態です。

DV理解の一番大事な点は、それぞれが自分のことは自分で決められるか、強いほうの言うとおりに支配（コントロール、操作）されていないか、なのです。

残念ながら、「シングル単位」の考え方はまだ一般的ではありません。そのため、加害者だけでなく、被害者もDV容認につながる意識を持ってしまっていることが多いです。

付き合っているから、嫉妬で相手を束縛してもいい、相手は自分のものだ、恋人がほかの異性（同性）と仲良くするのは許せない、隠し事はいけない、だから相手の携帯を見てもいい、というような意識が蔓延しています。こういったカップル単位的な意識だと、被害者も加害者のDV行為の正当化に反論できなくなります。そうならないためには、シングル単位という概念を身につけることが鍵なのです。本書でも、これ以降、何度もこの「シングル単位」に触れていきます。

「課題の分離」をしよう

ここまでシングル単位の考え方を説明してきました。しかし、実際にこの考え方を実践するには、どうすればいいでしょうか。そこで紹介するのが、**「課題の分離」**という実践です。相手と自分を区別するために使う考え方です。交際相手とのあいだで起こる出来事を「これはだれの課題か」と常に考え、**自分と他者の課題の分離**をするのです。他者の課題に手を出さず、自分は自分の課題だけに集中するという考え方です。これが、シングル単位の考え方やシングル単位の行動をするときに有効なのです。

カップル単位では、交際相手と自分が一心同体の感覚になっているため、相手の課題を自分の課題と同じようにとらえ、干渉しがちです。これはだれの課題かと考えて、相手の課題に手を出さず、二人のあいだの境界線を越えて干渉しないのが、シングル単位を実践する基本です。「シングル単位と課題の分離」という概念を得ることで、DVに関する多くの問題に、適切に対処できるようになります。

たとえば、ある男性が交際相手の女性に暴力をふるったとします。女性が自分の意にそわない行動をとったため、殴ったのだと言います。そして、「暴力をふるった自分も悪かった。でも、相手の行動にも問題があった。悪いのは自分だけじゃない」と、言うとします。この言い訳は、よくあるDV加害者の感覚で、問題軽視、責任転嫁です。

このときに、加害者がDVしなくなるために必要なことは、「相手の問題は相手の課題なので、それは置いておこう」と課題を分離することです。パートナーにも何か問題があるかもしれません。しかし、それは相手の問題です。その相手からのある「刺激」に対して、自分がどういう態度をとるかが自分の課題です。DV加害者は、相手からの「刺激」に対して暴力的な対応を選択してしまった人といえます。それに対して、DVしない人になるには、**非暴力的な対応を選択**する人になればいいのです。それが、自分の課題です。

課題の分離

相手が何をしてきても、
それにどう対応するかは自分の選択＝責任

図9

暴力的対応をとるか、非暴力的対応をとるかは、１００％自分の問題です。相手も悪いとか、先に相手が手を出してきたとかは、言い訳でしかありません。「７対３で相手にも責任がある」と、自分の責任を軽くするような発想で向かうべき問題ではなく、相手がどうあろうと、ある「刺激」に対して暴力的対応を選択した点で、１００％自分の問題なのです。

「課題の分離」の具体例1
「部活をやめて受験勉強すべき？」

課題の分離は、こんな例でも考えられます。ある男子高校生Aさんが恋人Bさんに次のように言うとします。

> お前のためを思って言ってやるけど、あんな友だちと付き合うのはやめて、部活もやめて、僕と一緒に塾に通って大学受験に備えるべきだ。お前は頭があんまりよくないんだから今からでも遅いぐらいだ。すぐにがんばらないと、間に合わないよ。僕と同じ大学に来てほしいからがんばろうよ。

彼は、本当に心から彼女のためを思って言ってあげているのかもしれません。しかし、Bさんの部活や友だち付き合い、進学については、すべてBさんの課題です。A

さんが決めることではありません。彼女の意思も自由も尊重しないで、自分の考えを押し付ける行為は、DVです。彼女の頭が悪いと言って自信を失わせ、上から目線で説教をしています。彼女の大事な友だち付き合いや部活動を邪魔し、成長の機会も楽しみも奪おうとしています。

だから、もしあなたがBさんの友人なら、Bさんに次のようにアドバイスできます。

「彼は『課題の分離』ができていなくて、自分の考えをあなたに押し付けているよ。ウザいでしょ? あなたは、『意見を押しつけられるのはイヤ。私は部活がしたいし勉強は自分でするから、DV的な態度はやめて』と、彼に介入しないようにはっきり伝えたらいいんじゃない?」

「課題の分離」の考え方ができれば、Bさん自身も、Aさんに次のように言えます。

「あなたが私のことを心配しているのはわかるけど、部活をどうするかは私の課題だから口を出さないで。あなたは自分が勉強したければしたらいいけど、私にもそうすべきと押し付けないで」

Aさんの友人も、Aさんに次のように言えます。

「彼女がいつ勉強して、どの大学に行くかは彼女が決めることだよ。彼女の課題に手を出すべきじゃないよ。彼女を信じて、彼女の自己決定を尊重してあげないと、DVになるし、彼女が離れてしまうよ。彼女が決定したことを尊重して、そのうえで君はそれに合わせて対応すればいいじゃん。もし、どうしても彼女の選択が気に入らないなら別れる自由はあるけど、彼女を自分の思い通りに変える権利はないよ」

こうした良かれと思って**「○○してあげる」と言い、干渉するスタイルのDV**は、よくあります。課題の分離はそうした相手の干渉に対して有効に使えます。

同じような事例をもうひとつ見てみましょう。

友人のCくんは、彼女のことが心配で、勉強のことや家族関係、友だち関係などにいつも口を出してしまいます。「こうすべきだ」という話を、電話やメールで頻繁にしています。彼女が電話に出ないと怒り、それを「愛しているからだ」と言います。彼女はしかたなく、毎日電話とLINEで長時間

相手をしないといけない状況です。

友人Cくんにどう話をするべきでしょうか。「シングル単位」や「課題の分離」が理解できていれば、DVを回避するための正しいアドバイスができるはずです。たとえば、「彼女のことが気になって、心配でいろいろ言ってあげたくなるのはわからないでもないよ。けれど、毎日電話やLINEを長時間するのは、相手の自由を奪い、相手の領域に踏み込みすぎで、過干渉だと思うよ。相手の時間を奪う自由はあなたにはないんだから、気を使ったほうがいい。勉強のことも友人や家族との関係のことも、彼女自身の問題なのだから、ちゃんと課題を分離して、彼女のことは彼女自身に任せようよ。あまり口出しせず、用件があれば簡潔に短く伝えたり、楽しい話を少ししたりする程度にとどめるのがいいんじゃないかな」などとアドバイスすることができるでしょう。

「課題の分離」の具体例2
「尽くすのが愛？」

つぎの例を見てみましょう。彼氏に尽くしすぎて、自分自身の生活に支障がでているDさんの例です。

彼に好かれたくて、なんでも言うことを聞いているDさん。彼に呼び出されると、なにをおいても駆けつけます。彼の部屋の掃除や買い物、料理も彼女がよくしています。彼にプレゼントするために学業や友人関係もそっちのけにし睡眠時間まで減らしてバイトを掛け持ちしています。でも、尽くしている割に彼からのプレゼントはなく、彼は女友だちともよく遊びにいきます。彼が自分だけを見てくれないので、Dさんは時々不満を爆発させます。

Dさんにも「課題の分離」を使って次のように言うことができます。

「彼が好きなんですね。その気持ちはいいと思います。でも、『こんなに尽くしてるんだから、相手も同じように尽くして当然だ』と思っていませんか？　そういう『ギブ・アンド・テイク』の考えは、尽くしてくれない相手に対して怒りの感情に変わりますね。でも、そもそも自分がしたいから相手に尽くしているんですよね。『課題の分離』で考えると、相手が尽くしてくれるかどうかは、相手の課題です。だから、見返りがないといって怒るのは筋違いではないですか。

いろいろな友人関係があることはいいことなので、彼の友だちのなかに女性がいることを怒ることはないと思います。あなたも彼だけでなく、他の人との関係を大事にしましょう。

課題を分離して、見返りを期待せずに相手にかかわるという『ギブ・アンド・ギブ』の考えでいないと、『私は異性とは話もしないようにしているのに、あなたが異性と遊ぶのが許せない』と怒ることになります。そうならないためにも、自分を犠牲にしてまで尽くすべきではありません。

彼に尽くすことだけがあなたの課題ではないはずです。では、あなたの課題はなんでしょうか。そこを理解しないで恋愛がすべてになると、フラれたときにつらすぎるし、なにも残らず燃え尽きてしまいます。『こんなに尽くしたのに、私を捨てるなんてひどい。いままでの時間と金を返して』と自分を捨てた彼に裏切られた気持ちになり、怒りがわいて、ＤＶやストーカーになってしまいます。

だから、もっと自分自身の楽しみや生きがいを大切にしましょう。彼も自分のことは自分でしたほうがいいし、本当は尽くされることを望んでいないかもしれません。いい関係を築くためにも、尽くしすぎずに自分を大事にしてください」

恋愛だけでなく、人間関係すべてに役立つ「課題の分離」

ここまで、恋愛関係のなかの「課題の分離」を見てきました。しかし、恋愛関係以外の人間関係でも、しばしば課題の分離ができずに悩んだり苦しんだりしている人たちがいます。「課題の分離」は、恋愛関係にとどまらず、すべての人間関係に有効な考え方です。

たとえば、あなたはクラスのAさんから嫌われているようで、Aさんの態度がとても気になるとします。だから、なんとかそのAさんに気にいられ、居心地いい毎日を送りたいと考えています。それで、どうしたらAさんに気に入ってもらえるか、顔色をいつもうかがっています。Aさんのことにとても意識を向けています。なんとかAさんの自分への認識を変えたいと、いつも考え悩んでいます。

そういう状態に対して、「課題の分離」の観点を持つと、考え方がガラッと変わります。Aさんからあなたが気に入られること、Aさんの認識を変えることは、自分の大事な課題ではないと自覚できるのです。自分のことを悪く思う人がいても、それは自分の課題ではありません。Aさんの性格や態度をどうするかは、自分の課題ではありません。「Aさんが自分のことを好きになるべきだ」というのも、他人の課題に手を出す介入です。自分を好きになるかどうかは、相手が決めること。自分は自分のすべきことを淡々としていくだけでいい。そう考えるのが「課題の分離」の観点です。

さらに、課題の分離の視点を持てば、自分が前向きな行動をしないことへの言い訳として、相手を理由にはできなくなります。

このように、課題の分離をおこなえば、人間関係のトラブルの原因を整理することができ、自分自身の成長もうながすことができます。

どこまでが自分の課題（介入させない）で、どこまでが他者の課題（介入しない）かを考えること。相手を自分の思い通りにすることは無理なことで、他者を変えようとしないこと、相手を操作しようとしないこと。自分が変えられるのは自分だけで、変わるのは自分だけ、なのです。自分の変化に伴って、その結果相手がどうなるかは相手の問題です。これらが、課題の分離の考えです。課題の分離ができれば、シングル単位的な関係を築くことができます。見捨てられるのが不安で過剰に束縛したり、自覚しないで相手に抑圧的にかかわっている人でも、相手と適切な距離をとってDV的でなくなることができます。

この課題の分離という概念は、アドラー心理学でも強調されているところで、私は「私の考えと同じだ」とうれしく思ったものです。関心のある人は「アドラー心理学の〝課題の分離〟」を調べてみてください。

3章

主流秩序から自由になろう

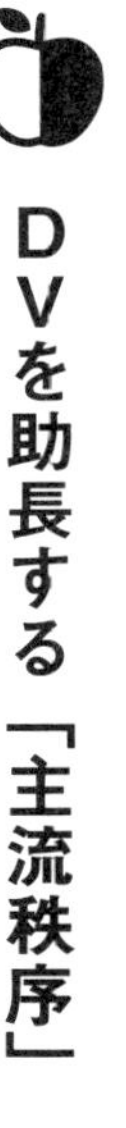

DVを助長する「主流秩序」

1、2章では、「ふつう」の恋愛感覚からシングル単位の恋愛感覚に変わる必要があることを説明してきました。これだけでもいいのですが、この章ではさらにDV的関係を理解するために、もう一歩進みたいと思います。

そこで登場するのが、**「主流秩序」**です。主流秩序とは、「社会の多数派が持っている価値観で、人を偏差値的に序列化すること」（参考：拙著『閉塞社会の秘密』）です。といっても、わかりにくいですよね。まず、「主流」とは主流的な価値観のことで、「美形で金持ちのほうがいい」といった、みんなが信じ込んでいる「こうであれば幸せ」という世間の価値観のことです。また、「秩序」（英語ではorder）とは序列というような意味で、偏差値をつけるようにして人を順位づけることを指しています。

つまり、主流秩序とは、「世間一般の**これが幸せだよ、勝ち組だよという価値観に**

主流秩序を構成するサブ秩序

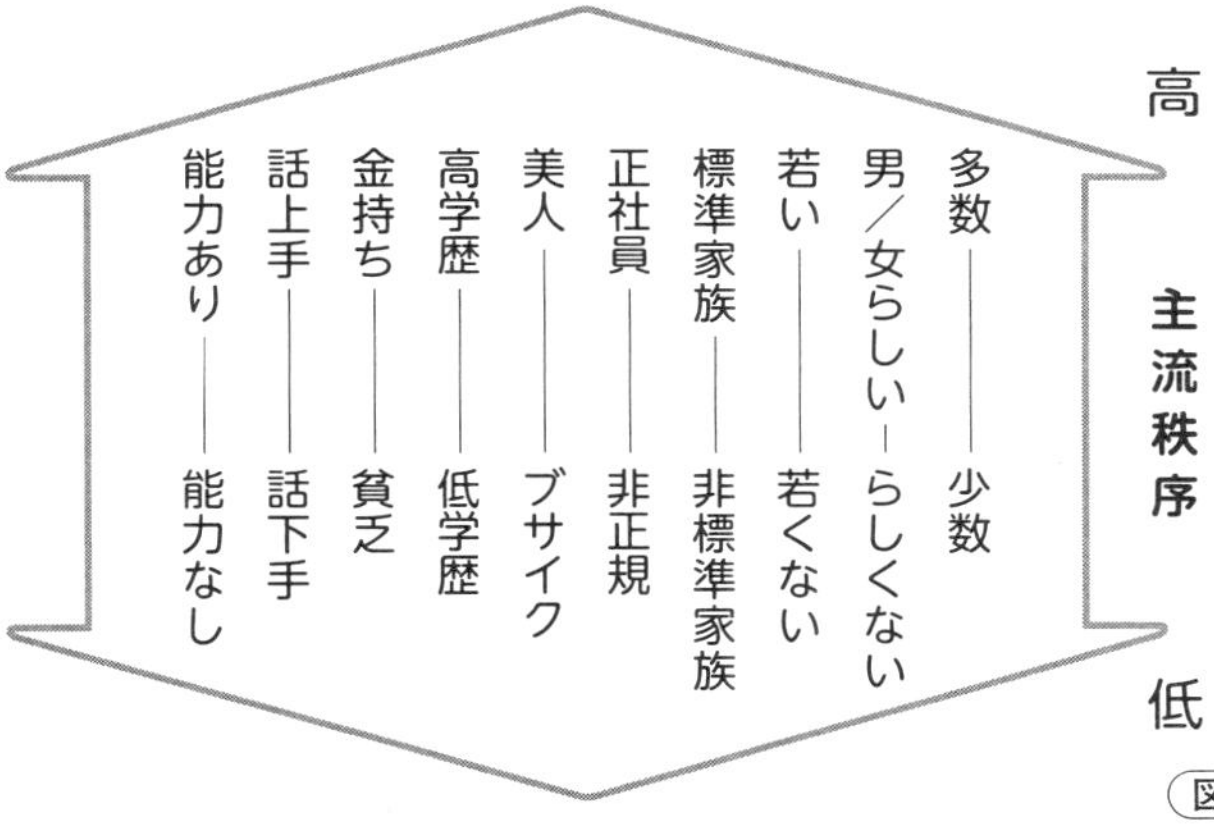

高	低
多数	少数
男／女らしい	らしくない
若い	若くない
標準家族	非標準家族
正社員	非正規
美人	ブサイク
高学歴	低学歴
金持ち	貧乏
話上手	話下手
能力あり	能力なし

図10

よって、人を順位付けすること」です。

主流秩序は、さまざまなサブ秩序が集まって形成されています。「経済力の秩序」「学歴の秩序」「仕事ができるかどうかの能力の秩序」「コミュニケーション能力の秩序」「女らしいか／男らしいかというジェンダーの秩序」などの「**サブ秩序**」が寄り集まって、太い縄を形成するように、社会全体の「主流秩序」が作られています。

もう少し詳しく見てみましょう。主流秩序を構成する秩序の一つに、**ジェンダー秩序**があります。これは、異性愛や男女二分法（世界には男性か女性しかおらず、トランスジェンダーなどを認めない考え方のこと）を前提として、男／女らしくあるのがいいというジェンダー観による秩序のことです。世間でいう男／女らしさが強い（それをいいと思って追求している）ほど上位です。逆に、男／女らしさが少ない、あるいはジェンダー的な価値観に反逆しているほど下位です。また男／女らしくて異性にモテて、恋愛経験が豊富で結婚できているほうが、上の秩序になります。恋愛だけではなく、どのような家庭をもつかでも序列が決まります。旧来の性別役割をなぞり、標準的・典型的家族像に近いほど上位になります。正社員として働き、子どもがおり、理想の家族像に近い人ほど上位です。そこから外れている程度の大きい人ほど下位です。たとえば、結婚して子どもがいる人は上位で、そこから、結婚しているが子どもがいない、正規職に就いているが事実婚、結婚しているが非正規雇用、非正規雇用で事実婚、結婚せず同棲、離婚している、独身、性的マイノリティ……というふうに序列が下がっていきます。

ジェンダー秩序のサブ秩序の一つに「美の秩序」があります。**美の秩序（見た目秩序）**とは、美人／かっこいいかどうか、セクシーかどうか、という見た目で序列化さ

美の秩序イメージ

すごくかっこいい、超美人、すごくおしゃれ、めちゃめちゃかわいい、年齢に比べてとても若い感じ、派手、スタイル抜群、すらっとしている、明るい感じ、ハイセンス、流行先端、モデルや芸能人に近い感じ、ブランドや高級なものを身につけている

中くらいの外見、顔もスタイルも中くらい、ファッションも普通、化粧も普通、それなりにおしゃれしている、あまり目立たない、そこそこ流行を意識してるがみんなが着ているものを着ている、清潔な感じ、世間にあわせた感じ

かわいくない、かっこよくない、ブサイク、太ってる、スタイルが悪い、ださい、流行から外れている、安価なものやくたびれたものや変なものを着ている、運動音痴、地味、話し方や雰囲気がキモい、暗い、オタク的、イタい、田舎臭い、チビ、肌がきれいでない、実年齢に比べて若くない感じ、障害がある

図 11

れた秩序のことで、顔、スタイル、服装、ファッション、化粧、髪形（ハゲているかなど）、身長など、総合的な見た目で世間の価値観的に美しいとされる程度が高い人ほど上位と位置づけられます。イケている人ほど上位、「ブサイク」「ださい」とされる人ほど下位といった価値の体系です。

常に競争を強いる主流秩序

みなさんも日常的にこういった秩序の存在を感じているでしょう。しかし、この秩序は人々を不毛な競争に駆り立て、疲れさせていくものです。この社会では、美しくなりたいと思ってがんばっている人がたくさんいます。顔や体型を変えるために、化粧やダイエット、ファッション、整形、フィットネスなどに熱を入れています。で、いま100人の人がいるとして、社会平均的に見て美しい人から順番に順位をつけて並べるとします。このとき、上から数えて60番目だったAさんが努力して少し細くなったりきれいになって、上から45番目になったとします。Aさんはうれしいかもしれませんが、それによって、もともと45番目だった人から59番目だった人は一つずつ順位が下がります。順位なので、だれかが上がればだれかが下がるのです。

これを偏差値的にとらえれば、Aさんが美の序列の偏差値47から努力して偏差値54になっても、それはみんなが美しくなるということではなく、従来美しいとされていたBさんの評価が下がってしまうということです。順位、序列、偏差値的関係とはそういうことです。

このように、みんながキレイになりたいと思うと、**美の水準は上がり、美の競争は激化していきます**。多くの人はダイエットや化粧、ファッションなどにとらわれ続け、そこで勝ち組になれない人は、自分を否定的に評価することになります。みんなが美しくなっていけば、ある人は相対的に順位が下がって「美しくない」ようになるのです。

このような競争的な序列のなかで多くの人が「もっとやせて美しくならないと」とか、「足が太くてファッションセンスもない自分はかわいくない」「美しくなれない自分はダメだ」という意識にとらわれているのではないでしょうか。世間の価値観によって人を偏差値で序列化し、競争させるのが、「主流秩序」です。なんとなくイメージがわかっていただけたでしょうか。

「男／女らしさ」の押し付けというＤＶ

さて、この「主流秩序」とＤＶは、じつは大きくかかわっています。ＤＶのなかには、「ジェンダー秩序の上位であるべきなのに、お前はそうでない」といってバカにしたり怒ったりするケースがよくあるのです。ジェンダー秩序を基準に相手をけなしたり、上位になるように強制したりすると、それはＤＶになります。

たとえば、女なのだから学食じゃなくて弁当を作れとか、女のくせに料理が下手だとか、女なのに上品でないなどと攻撃するのは、「女らしさ」を押し付けるＤＶです。逆に、男だったらおごれとか、男なら泣くなとか、男は女性を守るべきなどと言って、男性であることを理由に相手を振り回すのは、「男らしさ」を使ったＤＶです。

また、よくあるのが、男性が女性に「もっとやせろよ！　ブス！」「化粧しろ」「付き合い始めより太ったな。だまされたわ」「身だしなみをちゃんとしろ」などと言い、美の秩序を前提としておこなわれるＤＶです。交際相手に「いつやせるの？」

とずっと言われていたり、「やせてるから好き」と言われ続けたために、やせていないと嫌われると思わされ、摂食障害になってしまった事例などもあります。

すれちがう女性や男性の外見を値踏みして、序列の低いものを馬鹿にするような言い方をパートナーに聞かせるのも、DVです。恋人関係だけでなく、親子関係のなかでも、子供に対して外見を重視し、かわいくなれ、かっこよくなれと追い立てるのは、子どもに対する虐待になります。さらにそれをパートナーに見せつけるのは、DVにあたります。

また結婚相手や恋人に、高学歴や有名企業に所属していること、高収入や外見のよさなどの条件を求めるがために、相手から暴言などのDVをされても我慢してしまう、というようなこともあります。

「男なんだからおごって当然」「金払いの悪い男性ってケチくさい」と言われて従わざるを得ないようにさせられる経済的暴力も、ジェンダーの問題です。

ですから、DVにならないためにも、ジェンダー秩序にとらわれなくなるジェンダーフリーの観点を持つことが重要です。

実際のジェンダーにかかわるＤＶ

ジェンダー秩序の一部である「女らしくきれいであるべき」「やせているべき」という意識が、デートＤＶにどう表れているかの一例を、ある学生の体験から見ておきましょう。

昔付き合っていた人は、私によく「デブ！　やせろよ。やせたらもっとかわいい」などと言っていました。私は気が強いので、「ほっといてくれ」と言って気にしなかったのですが、そのうち肉を食べることに罪悪感を感じるようになっていき、お豆腐とキャベツしか食べられなくなってしまいました。どんな性格であってもＤＶの被害者になりえるし、ＤＶはだれをも傷つけるものだと思いました。

このように、やせるように圧力をかけてしまうこともデートＤＶの一種ですね。彼の言葉によって彼女は心身の健康を害しています。こうしたＤＶをなくすには、ジェンダーについてちゃんと学んで、相手を傷つけることを言わない人に変わる必要があります。

もう一つの例も紹介しましょう。ある男子学生は、デートＤＶの授業を聞いて告白します。

僕は、男は男らしくなければならず、「女々しい」は字のごとく女だけが許される態度で、男は嫉妬せず、賢く、強く、たくましく生きるべきだと考えていました。女は女らしく、可愛く、やせていなければならず、上品で、下品な行動・言葉は慎み、多才でなければならないし、理系より文系のほうがいい、という考えを常に持っていました。女性のほうから告白された際も、この思考が根底にあるため、「女らしくない、太っている、ガサつ」といったジェンダー秩序に囚われた理由から、断ったこともありました。

今までの交際経験を思い返してみても、常に僕の根底には、「男である僕のほうが賢く上であり、女である相手は自分よりも下の人間」と考え、対等に見ることは一切ありませんでした。

そのため「僕はこれをしないから、お前もするな」「お前の言うことも聞くから、僕の言うことも聞け」と、もちろん言い方はもっと柔らかくですが、そのような意味の言葉をぶつけていました。ジェンダー秩序的な意識だったと思います。

「守ってあげる・守ってもらいたい」も危険

「彼女／妻は俺のもの」という相手を所有物ととらえる男性の意識は、ほかの男性に渡したくないという嫉妬や束縛、女性を自分の思い通りにしていいのだという過干渉、「だれが養っているんだ」というような保護意識からの暴言などの形となって表出し、しばしばDVにつながります。この「彼女／妻は俺のもの」という意識もジェンダー秩序です（カップル単位でもあります）。この感覚は男性だけのものとは限りません。女性にも「私は彼のもの」であることを受け入れ、それが従順な愛のあかしと思ったり、保護されることに喜びを感じるようになったりします。

男性と女性のジェンダーは表裏一体であり、男性の「俺のもの」「守ってやる」という意識は、女性の「彼のもの」「守られたい」という意識とセットになることで、さらにDVの危険性が高まります。

実際に少女漫画やドラマ、映画などでも、「彼のものになる幸せ」「男性に守られたい」「経済的に養われるので安心」「彼にリードされて従うのがいい」「か弱いのがかわいい」というような価値観は多く見られますし、それに共感する女性がたくさん存在します。こういったジェンダー意識自体を見直し、ジェンダーフリーの意識に変わることが必要です。

ここまで主に、ジェンダーを背景にした男性が加害者の場合のＤＶを見てきました。もちろん、性的少数者や女性においてもＤＶ加害をおこなう場合はあります。しかし、怖いと感じたり傷害罪・暴行罪になるような身体暴力は、圧倒的に男性から女性へのケースが多いということをおさえておいてください。性的暴力もストーカーも、男性が加害者側であることが多いです。性役割分担から女性のほうに経済力がなくて、ＤＶされても離れられないというケースも多いです。ＤＶとジェンダーは切っても切れない関係なのです。

あなたも無意識に加担している主流秩序

ただ、ジェンダーの観点を簡単に理解するのは難しいです。ネットの悪い影響もあって、ジェンダー平等とかフェミニズムを悪いものと思っている人もいます。ですから、私が大学の授業で伝えているジェンダー論では、シングル単位と主流秩序・ジェンダー秩序の観点から説明しています。

たとえば、学生がとらわれているジェンダーとして多いものに、「美の秩序」があります。学生のあいだでは日常的に、「もっとキレイになりたい」「もっとやせたい」というつぶやきが聞かれたり、「もう歳だ」「シミが増えた」「服装がださい」といった言葉が飛び交っています。それは、ほかの人にむけられ「ぶさいく」「ださい」といったけなし言葉になったり、逆に恋人や友人に対して「細くてきれいだね」「女の子っぽくてかわいい」「料理がうまくておしゃれ」と称賛する言葉になったりします。

相手をけなすようなことを言っていなくても、愛情や称賛として褒めている言葉も、ジェンダー秩序を強化し、人を序列付け、無限の女らしさの競争に駆り立てることになります。美の秩序にもとづく称賛は、ジェンダー秩序の上位者にものしかかる圧力になります。魅力的でないと「けなされる対象」になり、恋人から捨てられるという隠れたメッセージになってしまうからです。

これは男性にも同じことがいえます。「ぶさいく・かっこ悪い・ださい・デブ・ハゲ・オタク・残念・運動オンチ・収入低いフリーター」というような言葉で「男性として下位」と位置付けされることはしばしばあります。それと一体で、イケメンや運動能力の高い人、金持ちや高学歴、有名企業社員などは称賛されます。この称賛も、ジェンダー秩序として男性にのしかかっています。安定した職に就いて稼がないと男としてダメとか、男っぽくないとダメというジェンダー秩序の感覚は、男性のあいだにもしみわたっています。

女性も男性も互いにそのジェンダー秩序の上位であることを求め合い、下位の点を互いを攻撃する材料として利用しがちです。あなたも無意識のうちに主流秩序を強化・再生産することに加担していることがあるのです。このジェンダー秩序がベースとなった「こうあるべき」という思いは、「それなのに、なぜそうなっていないんだ」という怒りとなり、相手をけなし、支配し、自信を奪うようなDVにつながっています。

「ブス」「家事もできないのか」「化粧しろ」という言葉は、さらに進むと「口答えするな」「俺を怒らせるな」「男を立てろ」といったさらに暴力的な言葉に発展する可能性をはらむ、ジェンダー秩序を内面化した暴力といえます。だから、ちゃんとジェンダー秩序に批判的にならないと、知らないあいだにDV的になっていることがあると知ってください。

自分がかわいくないと彼はほかのかわいい女の子のもとに行ってしまうという不安は、ジェンダー秩序に無批判に従属した不安意識ともいえます。DV加害者はそこに付け込んで、被害者に自責の念を持たせます。かわいくなるよう努力しないから、彼は怒るんだ……と。

とくに女性ジェンダーは男性に守ってもらう、愛してもらうという受け身的な要素がありがちなために、**従順でやさしい女性は注意が必要です**。女性のそういった受動的なやさしさ・従順さは、ＤＶ男につけこまれやすい点なのです。そうした女性ジェンダーは、男性ジェンダーの「か弱い女性を守ってあげたい、強い男と思われて頼られたい」という意識と一体のものであり、それはしばしば「彼女を自分だけのものにして支配する」というＤＶにつながります。

女性が「守られたい」と思うジェンダーの呪縛から離れて自立することが、ＤＶ問題をなくしていくためにも必要なのです。

ほかにも主流秩序的な価値観として、力の強い者が上位という「力の秩序」や、能力のない者はどんな目にあっても仕方ないという「能力主義の秩序」もあります。これらを内面化している人も、ＤＶしやすいといえます。

主流秩序からの脱却は、人生の課題に向き合うこと

次章にもつながるのですが、先に結論的なことを言っておきます。

ＤＶの被害者にも加害者にもならないためには、主流秩序にとらわれないようになること、カップル単位感覚から離脱しシングル単位の視点に立ち、自己肯定感を持ち、相手を信頼し、自立して自分の課題に向き合うことが必要です。

しかし、実はそれは「言うは易く、おこなうは難し」なのです。ＤＶ加害者は、腹が立ったら怒り、気が収まれば機嫌よく話をし、謝るときには浅く謝る。人間関係はその程度でよいと思い、自分の自己中心的な態度や無責任さを見つめないでいます。そうすることは、とても楽なのです。また、被害者についても、恋愛に逃げ、相手に依存し相手のことだけ考え、ご飯を作ったりデートしたり、化粧したり、そういうことだけに目を向けているほうが、人生は楽なのです。

自分の生い立ちにかかわるような「自己肯定感の欠如」「自分のＤＶ性」「主流秩

序を内面化している自分」「人を信じられない自分」に向き合うことは、大変なことです。主流秩序の上位という指標ではないところでの、自分のよいところはなにか、自分のしたいことはなにか、という人生の中心的な問題に目を向けて見つめていくのは、至難(しなん)の業(わざ)だからです。お金やかわいさといった世間的な価値を基準にして生きたり、さみしさを安易にごまかす相手とつながって、恋愛だけに目を向けて、自分の中心的な課題や真の自立から逃げるのは安易な道なのです。

でも、**人に左右されず本当に幸せになる**ためには、いつかは、従属や依存、わがままという「カップル単位的な甘え」から離脱し、自分の課題を見つけて、主流秩序にとらわれずに自信をもって自分の道を進むことが必要です。

ＤＶを学ぶということは、嫉妬にとらわれずに「非ＤＶ」の関係を形成する力をつけるということです。**その力は、ＤＶ予防というせまい枠におさまらず、あなたが大きな人生の課題に向きあうために必要なこと**といえます。そして、そんな大事な目標に向かうことは、本来楽しいことなのです。なぜなら、それは他のだれのためでもなく、**自分の成長や幸せへの道**なのだから。

スポーツでも、勝つことだけにとらわれると、トレーニングが外部からの強制になり、いやになります。しかし、スポーツ自体を楽しむという目標を思い出せば、日々の練習自体を自分の成長や幸せだと思えて、楽しめます。

ですから簡単ではないけれど、DVの学びを通じて、自分自身の成長と自立について考えていくことが重要なのです。

・自分の自立とはなにか
・自己肯定感を持つにはどうすればいいのか
・自分を肯定するための自分の価値基準とはなんなのか
・自分に自信がないから逃げているのではないのか
・自分の感情ばかりにこだわって、相手のことを考えられないのはなぜか
・自分の感情をコントロールするにはどうしたらいいか
・相手を信頼するとはどういうことか

「人から、世間的な基準でうらやましいと思われること」を自分の生きる基準にする必要はありません。写真をＳＮＳにアップして、他の人に「この人、幸せそう」と思われることが重要なのではありません。あなた自身が主流秩序とは別の基準で自分を肯定でき、自立しながら相手を愛することができることが幸せなのです。そこに気づいてほしいと思います。

このように考えると「ＤＶの問題」は奥の深い問題です。加害者の意識だけでなく、被害者のほうにも存在する「カップル単位」の意識や自分への自信のなさ、相手から承認されたいという受け身的な価値観の問題にもつながっています。

4章

恋愛のトラブル「嫉妬」を考える

嫉妬は愛情表現？

大学などでDV予防の授業をすると、多くの学生は共感してくれます。しかし、授業の数回目には「そんなことまでDVなんですか？　それはDVとまではいわないんじゃないですか？」と本音がもれてくることがあります。とくに、「嫉妬・束縛もDVとなる」という説明に、そういった声が多いです。シングル単位の原則やデートDVではない対等な関係について学んでも、なかなか本心では納得できず、以下のような質問や反論がよせられることがあります。

相手に嫉妬する権利はないというけど、恋人である以上、嫉妬があるのは普通じゃないですか？　嫉妬されて愛情を感じることもあるし、自分を最優先してほしい、自分のことをずっと考えていてほしい、他の人を好きにならないでほしい、それを行動で示してほしいという思いが束縛や嫉妬になっているだけです。どうでもいい相手なら嫉妬しないし、怒りません。

私は浮気された経験があり、それから心配で嫉妬心が強くなり束縛するようになりました。どうしても不安がぬぐえない。恋人がなにをしているか、気になってSNSをしばしばチェックしてしまいます。恋人の携帯もときどき隠れて見てしまう。浮気されて傷つけられることを防ぐために、多少束縛することは許されるんじゃないでしょうか。

お互いが納得したうえで「だれと会うか事前に伝える」「異性と二人だけでは会わない」「異性とはお酒を飲まない」と決めるなら、別にいいのではないですか。

ＤＶかそうでないかは、二人のあいだで決めることと思います。嫉妬や束縛の表現が一切ないのも人間味がなく、逆に気持ちが悪いです。だれと遊びに行くかは、私は相手に伝えるし、相手にも教えてもらいます。そんなことまでＤＶと決めつけないでほしいです。愛情表現のすべてがＤＶだと否定されたら、恋人たちはとても冷め切ったものになると思います。

このような意見を見ると、「そうだな」と思う人は多いと思います。ＤＶ予防教育をする立場からの「嫉妬・束縛はいけません、それは愛ではありません」「それはＤＶの一種です」という認識と、ふつうの恋愛感覚からの「嫉妬や束縛で愛情を感じる。それをＤＶだなんていうのは言いすぎだ」という意見とは、対立があるのです。

この意見のちがいを埋めることはとても大切です。「愛しているからこそ独占したり嫉妬する」といった感覚は、「わがままを聞いてくれるのが愛だ」「関心があるからこそ怒る」などDV的な考えになりがちです。嫉妬を「恋愛には付きもので避けられないもの」とみなしていると、自分の嫉妬心を自然視し正当化するという心理が働くことがあります。嫉妬するのは問題ないとか、愛情ゆえだとか、付き合っているなら当然と、合理化してしまうのです。それはすなわち、**DVの正当化につながります。**それではDVはなくなりません。この「根拠なき決めつけ」について、考えを改める必要があります。

では、どう整理し、どう理解すればいいのでしょうか。

内心と表出の区別

嫉妬や束縛をされてうれしい。そういう人がいるというのは事実ですが、恋愛ならみんなそうだというのはまちがいです。まず自分が思っている恋愛観の、「普通だ、常識だ、本質だ、当然だ、自然だ」を疑うことからはじめましょう。

そのうえで、あなたがどんな考えを**内心**で持ってもいいですが、それを**表にだすこと（表出）**で相手の「安全、自信、自由、成長」を侵害してはいけない、ということを整理しましょう。相手の権利を侵害する、そんな権利も自由も、あなたにはないのです。その点を確認しておきましょう。

左ページの図は「嫉妬の４段階」の図です。嫉妬をAからDの４段階に分けています。まず、すべての嫉妬を否定しているわけではありません。その嫉妬・束縛が相手の「安全・自信・自由・成長」をどの程度阻害しているかで、ＤＶであるかどうかを判断しています。当然ですが、「安全・自信・自由・成長」を**阻害しているほどダ**

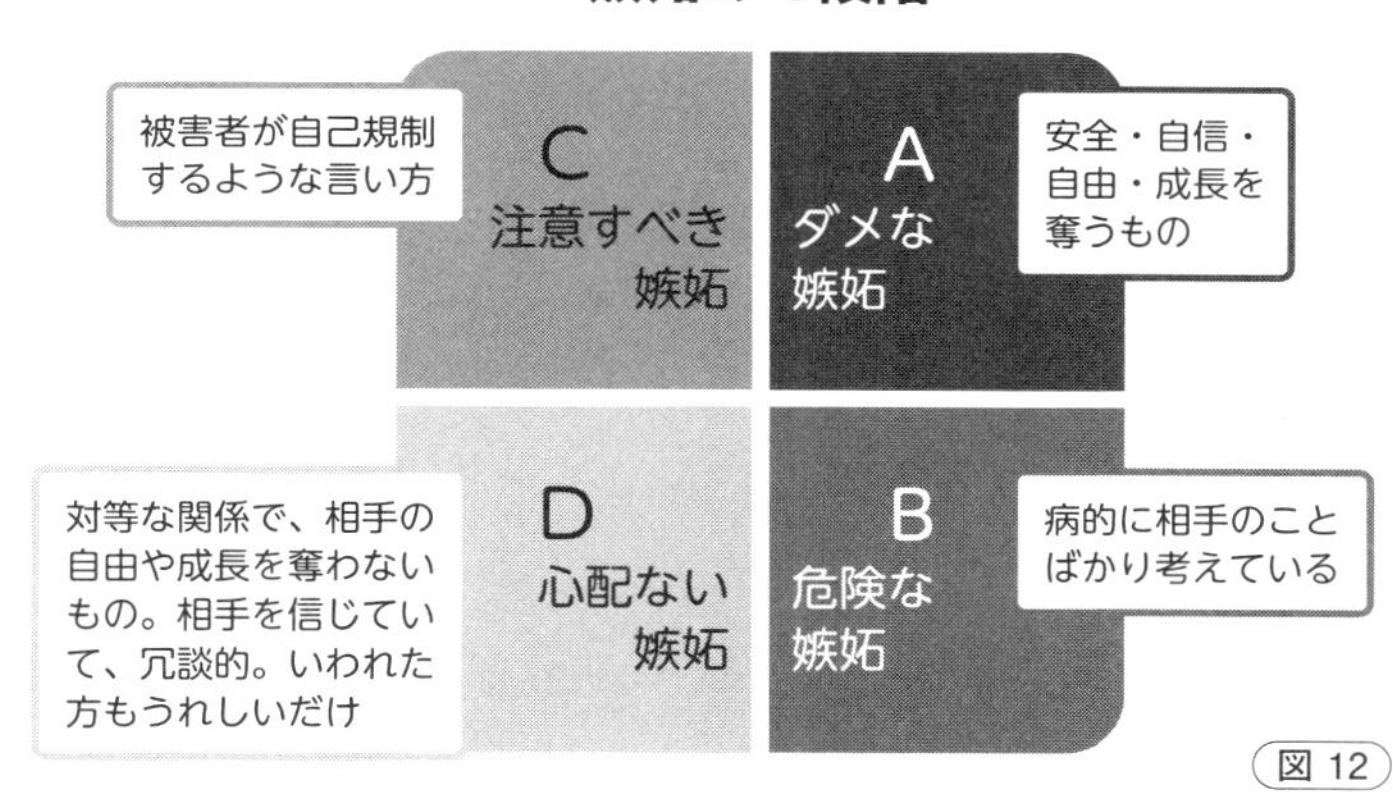

図 12

メで、**阻害していないほどよい**わけです。図のAが、「安全・自信・自由・成長」を奪う「ダメな嫉妬」、そこからBは「危険な嫉妬」、Cは「注意すべき嫉妬」、Dは「心配ない嫉妬」とリスクが下がっていきます。

それでは、AからDまでを決定づける要因とはなんでしょうか。ここで重要なのが、**内面（内心、感情）と行動（表出）**を区別することです。

内心で嫉妬心を持ったとしても、それを表に出さないほどDVリスクは減っていきます。逆に、内心を実際の行動として相手に出して、その結果、相手の自由や成長を害すれば、それはDVになります。嫉妬には、それくらい危険な面があるのです。さまざまな感情があるのは現実だろうし、そのこと自体をすぐには変えられない（ただ、それも考え方を変えると感情も変わるので、嫉妬の感覚を「絶対化、本質化」すべきでないです）けれど、その感情を外に出して相手の自由や成長を侵害してはダメです。

ここまでが、嫉妬についての整理の**第1段階**です。

嫉妬心の裏にある問題

そうはいっても、嫉妬心を抑えることはつらいですね。なぜ、あなたは嫉妬してしまうのか。嫉妬心をなくすことはできないのか。そこで、**自分の嫉妬心の裏にある問題についての分析を深めていくことで、自分の言動を変える**、という**第2段階**の話をしましょう。

嫉妬の気持ちがどうしても出てきてしまう、という人はいると思います。独占したい、心配になる、気になる、SNSをチェックしたいという気持ちがどうしても強くあるなら、まずは自分を見つめて、その**心理の背景**がどうなっているかを考えてみましょう。

そこには、**自分に対する自信のなさと相手に対する信頼の欠如、人間に対する不信感**があるはずです。自分に自信があれば、恋人がいろんな人と交流しても、「それでも自分にはいいところがあってそこを愛してくれているから、彼（彼女）は私を裏切らないだろう」と信頼できます。**相手が自分の大事なところを見てくれる**ような人で、表面的なかわいさや経済力、話のうまさなどだけで付き合っているのではない、そして**恋人を大事にして傷つけない人だ**と思えれば、恋人が簡単に表面的な誘惑でほかの人と浮気したり自分をフッたりしないだろう、と思えます。人というものへの基本的な信頼感があれば、そうなります。

しかし、もし「人間なんて簡単に裏切るものだ」とか、「人はしょせん、美人とかイケメンとか、お金があるとか有名だとか、そういう基準で人を判断している」「自分より上位の相手がいれば、簡単に自分を切り捨ててそっちに乗り換えるものだ」とあなたが考えていれば、不安になるでしょう。「人は浮気をするものだ」「恋人を傷つけることなんて平気だ」と思っていれば、自分は簡単に捨てられると思ってしまい、とても心配になるでしょう。

つまり、「今の社会の中で、価値があるといわれているもの」（主流秩序の上位）にだけとらわれていると、自分に自信が持てないし、愛されることにも自信が持てません。また、相手も主流秩序的価値に惹かれるだろうと思って、「乗り換えられる」「裏切られる」という不安にさいなまれてしまうのです。

この不安は、実は自分のあり様を反映している面もあります。自分が浮気したいと考えていれば、恋人にもそういう人が近づくと思い、不安になります。自分や友人に浮気の経験があると「男女なんてそういうものだ」と思って、恋人を束縛して浮気を防ぐしかないと思い込むのです。

逆に、そういう主流秩序的な価値観から離れて、**「主流秩序とは別基準での、自分が大事と思えるもの」が見えていて、そこを基準に自分に自信が持てる**と、不安にならなくなります。相手はその「主流秩序とは別基準での自分の良さ、魅力」を見てくれる人だと思うことができれば、簡単に自分を傷つけるようなことはしないだろうと思えるのです。つまり、いくらほかの人と仲良くしていても、少しぐらいメールや電話の返事がなくても、心配にならないのです。

見返りを求めないシングル単位感覚

さらに、そこにシングル単位感覚（課題の分離）を付け加えてみましょう。相手が自分を好きかどうかは相手が決めることで、自分の課題ではないのです。考えても心配してもしょうがない、と思えます。

――自分は自分なりにちゃんと生きていって、その良さをわかってもらえないなら仕方ない。主流秩序の上位かどうかの競争では自分に勝ち目はないけれど、そんなことが大事とは思えないので、自分は自分の道を行こう――そう思えます。それが主流秩序から離れた、シングル単位の感覚です。

嫉妬に話をもどすと、あなたが主流秩序から離れたところで自分の価値を見出し、「彼（彼女）が私を大切に思うかどうかは彼（彼女）の課題だ」と課題の分離をし、なおかつ、恋人は金や外見などに惑わされるような人ではない、と相手の人間観に信頼を持てていれば、**嫉妬の感情はあまり必要なくなる**のです。

「こんなに愛し尽くしているから、相手も同じくらい愛し尽くすべきだ」などという感情がカップル単位ではありがちです。「自分も異性と二人きりにならないから、あなたもならないで」という「ギブ&テイク」や「フィフティ・フィフティ」の考えも正当化されがちです。これらの考えには、「シングル単位=課題の分離」の視点がないと気づいてください。そこには、**自分がこうしているからあなたもこうしろという「見返りを求めるコントロール（支配）」**があるのです。カップル単位で考えているために、相手も自分の気持ちの通りであるべきと思ってしまい、それが問題だと気づいていないのです。こういった支配は、DVの始まりにほかなりません。

「自分は自主的に相手を愛している。好きだから、一方的に愛している（ギブ&ギブ）。だから『お前も俺を愛せ、相手から同じだけ愛されて当然だ』なんて思わない」と考える必要があるのです。**相手がどれだけ私を愛するかは相手の課題、相手の自由です**。ここがわかるかどうかがミソです。相手に「私の尽くす量と同じ量だけ愛せ」というのは、相手の自己決定領域に手を出すというまちがいに陥っています。だから、嫉妬・束縛の行為を平気でしてしまうのです。

相手への依存から自立へ

ちゃんと課題の分離がわかっていれば、自分のすべきこと（仕事、趣味、家事、自分の友人関係、家族との関係、勉強、スポーツ、などなど）をして、人生は充実します。あまり恋人のことに振り回されなくなります。相手を信頼して束縛や詮索をせずに待っていられます。自分のやるべきことに目が向いて生活が動いてきます。こうなればＤＶ的に相手にかかわらなくても、相手から自立／独立して生きていけるし、幸せになれます。

しかし、カップル単位発想にとらわれて、相手と自分の境目（境界線）がなくなり、相手のことばかりに目が向いてしまう――相手のことばかり考えている、相手が自分の生活のすべてになっている――と、相手が自分の思い通りでないと自分の生活全体がダメなものになってしまうのです。

相手が自分を愛してくれないと、大切にしてくれないと、承認してくれないと、いつも一緒にいないと――自分の存在価値がないと思えてしまうのです。電話やメールにすぐに反応してくれないと不安になるのです。これが、カップル単位感覚ゆえの依存状態です。相手との関係が自分の生活の充実や幸せの主要な要素になってしまうのが、カップル単位的依存の危ない点です。相手に自分のすべきことを決めてもらい、相手から必要とされることが自分の行動原理となり、相手に暇な時間を埋めてもらうことや、何をしたらいいか指示してもらう、さみしさや孤独感を埋めてもらう、そういう**他人任せの生き方になる**危険があります。自分を見失い、恋人中心の生活になるという依存状態です。

それは確かにある意味「楽な生き方」ともいえます。「相手の世話をする」「二人の関係だけに目を向ける」ということにだけに集中する相手依存は、楽なのです。ほかのことを考えなくても、自立して自己決定していかなくてもいいからです。

でもそれは、不健全であり、本当に自分を豊かにはしません。自分のすべきことに手がつかずに、おろそかになり、相手とのことばかりが気になり、相手が自分の思い通りでないと不幸になるという相手次第の生き方になります。これはＤＶ状態（被害の場合もあれば加害の場合もある）にほかなりません。

自分の人生において相手にばかり比重がかかると、相手が自分の思い通りでないことに過剰に負担を感じ、苦しくなります。相手が自分から離れる（フラれる）ということが過剰に怖くなります。**自分の生きがいも幸せも、すべて相手にかかっているから**です。頭や心の大半が恋人のことになっているというのが、嫉妬にとらわれた人の多くに見られる背景意識です。

自分の幸せのカギは、自分で握ろう

まとめましょう。DVにならず嫉妬で苦しまないためには、シングル単位の観点で自立し、自分の課題にだけ目を向け、相手を信頼し、主流秩序の価値観からの離脱を図ればいいのです。相手に自分の幸せのカギを握ってもらう（相手に幸せにしてもらう）のでなく、自分で自分の幸せのカギを握りましょう。だれかに承認してもらう（必要としてもらう）ことに生きがいを見いだすのではなく、自分で自分にオーケーを出せるようになりましょう。そして自分に自信をもって生きられれば、そして相手の幸せを願い信頼できれば、嫉妬・束縛は必要なくなります。そのためにも、「恋人を傷つけない」というまともな考えを持った、信頼できる「ちゃんとした人」をパートナーに選びましょう。

ただ、最初からそれを見抜くのは難しいことなので、おかしいなと思ったら指摘し、改善するよう促してみます。もし、それでも変わらないような変な人（DV性がある人〉とわかったら、離れましょう。

もし、あなたが人間不信なら、自分自身の人間観を変える努力をしましょう。他人にひどいことをするのをやめ、不誠実で不真面目な人たちと付き合うのをやめましょう。人を裏切らないような、きれいな心の恋人や友人を選べばいいのです。それはもちろん難しいことですが、どんなパートナーを選ぶかは、すべて自分の生き方や人間性の写し鏡になるのです。

嫉妬のグレーゾーン

この章のはじめに、「嫉妬・束縛があるのが普通の愛情で、それがない恋愛なんて冷めきった味気ないものになる」という意見を紹介しました。こういう意見の人にも「嫉妬とＤＶ」の問題を正しく理解してもらうために、嫉妬のグレーゾーンを図にしました（１１２・１１３ページ）。これを見てもらうと、「誤解が解けて、なにがＤＶでなにがＤＶでないのかがよくわかった」という感想をたくさんもらえたので、紹介します。

この図からわかるように、「すべての嫉妬・束縛はＤＶだ」と言っているのではなく、嫉妬にもいい、悪いの程度があるということです。いい関係になるために、危険性のある嫉妬・束縛について知り、軽い束縛にも気を付けて、できるだけ相手の自由や成長を邪魔しないようにしなければなりません。

図ではデートＤＶを６段階に分けています。最も軽いＦレベルの「微妙な嫉妬・束縛」は、交友関係を聞きたがったり、冗談としながらも「浮気はダメ」などの束縛を表す言葉を使ったり、嫉妬心から甘えて独占しようとするようなものです。次のEレベル「緩やかな嫉妬・束縛」は、心配からさまざまな方法で軽くチェックしたり、相手が異性と関係することを制限したり、自分のために先約をつぶすように仕向けたり、相手が自発的に自分を優先するように誘導するものです。

E、Fレベルは軽いほうなので、「別れるほどではないレベル」としましたが、これ以上になると別れるべきといえるレベルになってきます。Dレベルの「少し強い嫉妬・束縛」はメールへの返事が遅いと怒ったり、二人のことをSNSに書かせたりして交際を周知させるマーキング行為をしたりします。また、過去にDVがある関係で「一生一緒だよ」と言い恐怖を与えたり、異性に加え家族、同性の友人にまで関係の制限を加えたり、ルールで縛るなどします。

次に、Cレベルの「かなり強い嫉妬・束縛」になってくると、「お前のためだ」と言って恋人の行動をすべてチェックしたり、毎日報告させたり、指示・命令してきます。また、激しい嫉妬や「絶対別れない」と言うなどの言動がみられます。

嫉妬のグレーゾーン

「嫉妬・束縛の程度の差」の図

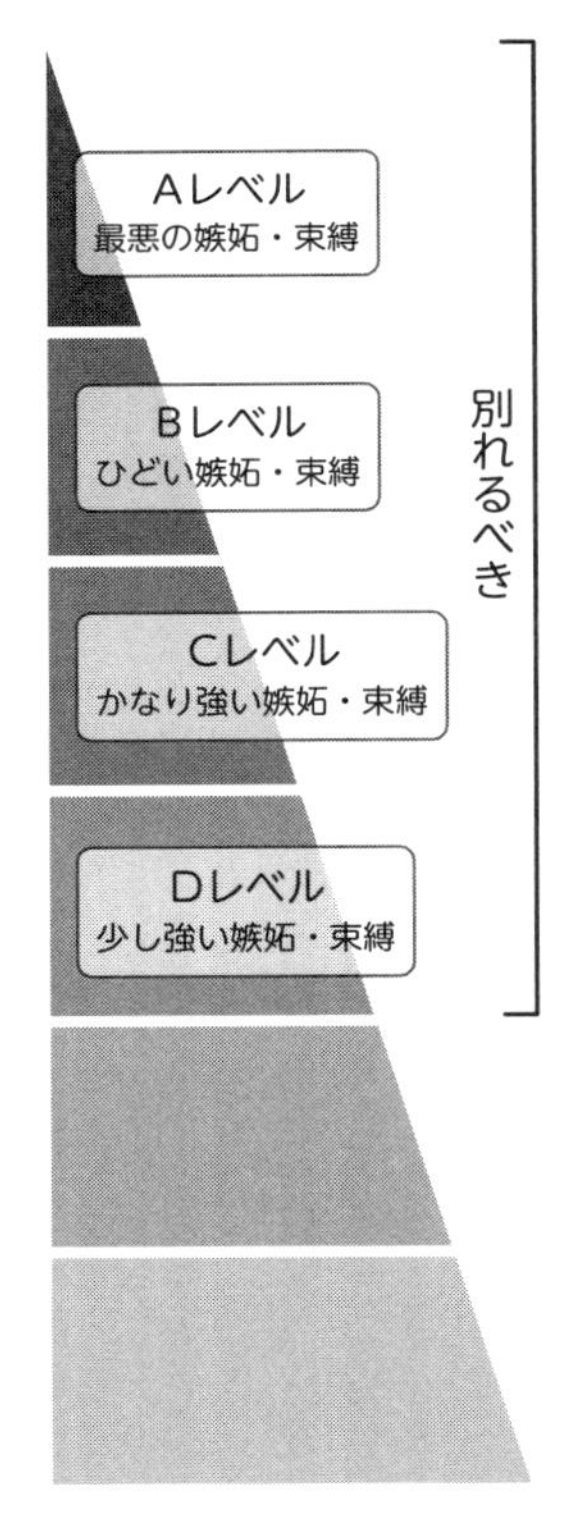

Aレベル

嫉妬して殴る、監禁する、すべて勝手にチェック、毎日以下のようなことをする、強権的に孤立化させる、学校、バイト、職場からすぐに帰らせる、寄り道を許さない、嫉妬から友人や探偵使ってチェック、相手の携帯を許可なく目の前でチェックし勝手に消したり電話したりする

Bレベル

俺だけを見ろ、他の奴を好きになったら/俺を裏切ったら死ぬ・殺す・許さない、1日に何度もチェック、多くの項目のあるひどいルール押し付け、学校や会社の飲み会に参加させない、恋人が許可したものしか着させない、嫉妬からまわりのひとを悪くいって孤立させる、別れたい浮気したいんだろうと怒る

Cレベル

お前のためだとか恋人なら当然だといって、いつも全部行動チェック、毎日報告させる、指図・命令、嫉妬して、絶対別れないと言う、相手の承諾なしに隠れて相手の持ち物や携帯をチェック、他の男（女）と話しちゃダメという、飲み会でも異性と隣になるなという、メールなどに返事ないと何十通も送る、心配させやがってと怒る

Dレベル

嫉妬してメールにすぐ返事させる、返事ないと怒る、二人のことをSNSに書かせる、俺の彼女と周りに知らせるマーキング、過去にDVがある中での「一生、一緒だよ」「浮気はダメだよ」、異性に加え家族、同性の友人関係まで制限、夫恋人のためには友人との先約をつぶさせる、ルールで縛る、隠し事を探るため「かま」をかけて聞く、服装にいちいち干渉してくる、連絡がつかないと数通メール電話してくる、その場に異性がいたか聞いてくる、嫉妬心を隠して「あなたのことが心配」と何度も言う、「心配だからすぐに返信してね」と優しく言う、悲しそうに言ってコントロールする

図 13

Eレベル

心配だといっていろいろ軽くチェック、異性の友人関係制限、お前には俺しかいない、異性の友人との交流はだめとしむける、恋人のために先約をつぶすようしむける、自発的にさせるような誘導、相手が見ている前で相手の承諾がある中での携帯などのチェック、そういった服装・化粧・行動はやめてほしいとか嫌だなという、「私（俺）なんか捨てられても仕方ない」という

Fレベル

電話に聞き耳立てる、交友関係聞きたがる、冗談といいながら「浮気したらダメ」「君がその気がなくても相手はねらってるんだから2人にならないで」など束縛系のことを言う、嫉妬心で甘えて独占しようとする「私といてほしい」、相手のメールはチェックしないけど隣でやっているのをちらちらのぞき込む、本当のことを言うと捨てられるかもと思って心配・不安そうに関係にびくつく、相手からの連絡・携帯などをいつも気にしている

対等・平等・健康な関係

DVが過去になかったときの「一生、一緒にいようね」「ちょっと嫉妬感じるなあ」（冗談とわかる、怖くない）「何時に帰る?」「何してた?」などをほんのたまに聞き、問い詰めない、少し心配あっても信頼してチェックしない、友人関係制限しない、相手の安全・自信・自由・成長を邪魔しない明るい言い方「長く一緒にいれたらいいね」というような愛情表現、相手を信じて行動はあくまでシングル単位的に自由にさせる中での、明るく冗談とわかる感じでの「他のやつには渡さない!」「独占してやる!」といった表現、メールなど返事がない時にも1通−2通だけ送って返事待ち

●束縛のためのチェック項目
服装、匂い、下着、化粧（身だしなみ）、買い物、メール、電話、郵便物、ケータイの履歴・データ・写真、交友関係、仕事の実態、時間の使い方、鞄の中身、持ち物、手帳

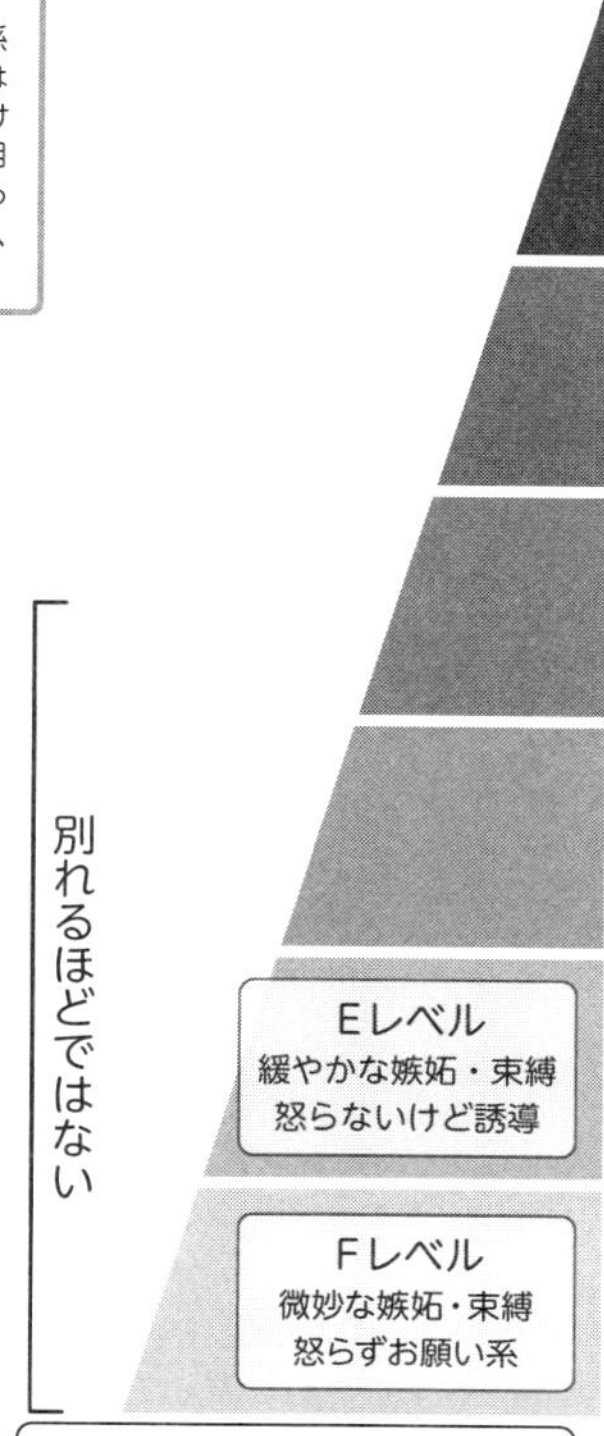

Bレベルの「ひどい嫉妬・束縛」では、俺だけを見ろと言ったり、裏切ったら死ぬと脅したり、学校や会社の飲み会に参加させず、許可した洋服しか着せないなどします。そして、Aレベルの「最悪の嫉妬・束縛」は、嫉妬して殴ったり監禁したり、力による支配をおこないます。極度の独占欲にかられて、学校や職場からの寄り道さえ許さないなどします。

このように、上位の嫉妬・束縛がひどいということはだれにでもわかると思います。しかし、それより軽微な嫉妬は軽視されがちです。軽いDV的なことと重いDVは連続しています。「嫉妬や束縛も愛情の一部」と考え容認する態度が、いつの間にかDVそのものを容認したり、重度のDVに進行することもありえるのです。

DVや共依存関係になっているカップルでは、自分たちを客観視できずに危険な嫉妬・束縛の関係になっていることに気づかない場合があります。自己決定が基本ですが、そういった場合には周囲がかかわることも大事です。すべての人に、嫉妬や束縛のグレーゾーンを知ってもらえればと思います。

さきに示した「嫉妬の4段階」の図（97ページ）に「嫉妬のグレーゾーン」の図をつなぎあわせると、下の図のようになります。その嫉妬が、相手の「安全・自信・自由・成長」を妨げないかどうかが、DVかそうでないかの基準となります。従来の許容されてきた**嫉妬・束縛のなかにはDVといえるものや、明確にDVとまではいえないがDV的でやめたほうがいいもの、注意すべきものがあります**。

「嫉妬はしてもされてもいいもの」と勘違いしているDV加害者や被害者に、この「嫉妬とDV」について理解してもらうことが重要です。

嫉妬の4段階と嫉妬のグレーゾーン

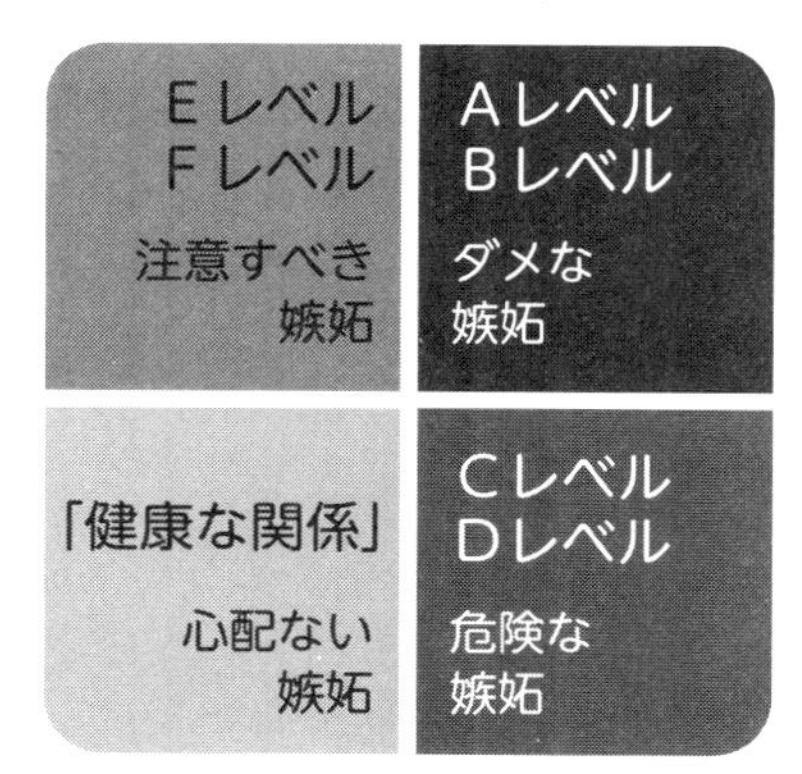

図14

小さな嫉妬もDVへの連続性がある

同じ言葉でも、危険度レベルは変わる

ＤＶ的行為は、同じ行動であってもその人の過去のＤＶ経験によって、ＤＶのレベルが変わります。たとえば過去にＤＶをしたことがない人が「一生、一緒にいようね」と言うのは「心配ない束縛」ですが、過去にＤＶをして相手に恐怖を与えたことがある人の「一生、一緒にいようね」という発言は「別れることは許さないぞ」という脅しの意味を含む「危険な束縛」や「注意すべき束縛」となります。言い方や顔つきによっても怖さは変わります。

日ごろから対等で、冗談とわかり、いざとなったらストーカーにならずに別れてくれるという信頼があれば、「死ぬまでぜったい別れないぞ」とか「嫉妬してしまう」とか「ほかの女／男は近づけさせない！」という言葉も、おおむね「単なる愛情表現のひとつ」とみなせるので問題はないのです。

しかし、実際の生活で、本当に相手の自由や安全や成長を奪うようなものになったらその嫉妬・束縛の言動はＤＶにあたり、ダメな言動となります。そしてその「ダメ」には「別れたほうがいい」とか、「別れるほどでない」とかといった程度があるということです。

「何時に帰る？」「なにしてた？」などとほんのたまに聞き、問い詰めないならいいのですが、何度も聞く、毎回聞く、そこに異性がいないかチェックする、相手の行動を事実上制限する、友人との関係を邪魔する、となってきたら、それはＤＶ的な、不健康な束縛なのです。

メールの場合でも程度はさまざま

相手のメールやSNS、LINE等をチェックする行為にも、程度の差があります。「相手のメールはチェックしないけれど、隣でやっているのをちらちらのぞき込む」というようなものも、軽い束縛です。さらに「それ、だれとメールしているの」と聞くと、相手の自由への介入が強くなります。何度も聞くと、DV性が高まります。相手が見ている前で相手に承諾をえて携帯などのチェックをするのは、完全にDVです。

こういう場合、気に入らないものがあるとねちねちと追及がはじまります。

もっと重い場合だと、相手の承諾なしに隠れて相手の持ち物や携帯をチェックし、気に入らないものがあると怒りだします。さらに、相手の携帯を許可なく目の前でチェックし、勝手にデータを消したり、「お前、だれだ?」「俺の女に今後連絡してくるな!」など、勝手にメールを送ったり電話したりします。

このように、「メールチェック」といっても程度の差に大きなちがいがあり、ひどい場合もあるので、「私はチェックされても平気だから、相手のメールもチェックしてもいいでしょ」とのんきに言っていてはいけないわけです。

実際、交際相手がツイッターに次のような書き込みをしている事例もあります。

「返信が遅い、あと2分54秒で昨日の返信時間より遅くなる」

「なんで返信がこんなに遅いか、まさか浮気か……？」

「あいつは俺だけを見てればいい、俺のことだけを考えてほしい」

こうしたことを書きこんでもいいと思っているところに、この人の危険な感覚が見て取れます。嫉妬・束縛の気持ちを自戒する視点がまったくないのです。それなのに恋人も、「彼はいつも私のことを思って、そういうツイートをしている」と容認して、危機感を感じていませんでした。加害者だけでなく、被害者になりうる人にも「嫉妬や束縛は愛情の表れ」という認識の危険性をぜひ知ってほしいと思います。

以上のように嫉妬のグレーゾーンの図からは、「非常に怖い嫉妬や束縛」から、

「そこまで怖くはないが強制力があって制限が強いもの」、「強制力もないし怖くもないけれど、真綿で締め上げるように徐々に自由が減らされるようなもの」まで、程度の差があります。そして、**それが連続でつながっています。**軽い嫉妬や束縛なら問題がなく、「EやFレベルならマシ」と楽観せず、それがもっと悪い、CやD、さらにAやBレベルにならないように注意しましょう。

5章

恋愛のトラブル「別れ」を考える

シングル単位で考える「別れの教育」――ストーカーにならないために

ここまで、恋愛の2大トラブルのひとつ、「嫉妬」について見てきました。ここからはもうひとつのトラブル、「別れ」について考えてみましょう。「別れ」が原因で事件化するものに、「ストーカー」があります。

ストーカーとは、**異常な執着心で付きまとう行為**です。一方的に好きになったり復縁に執着したり恨みを持ったりして、**相手が嫌がることをする**ことです。電話やメールを異常な回数かけたり送ったり、家（職場、学校）におしかけ面会要求したり、誹謗（ひぼう）中傷（ちゅうしょう）や虚偽のうわさを流す嫌がらせなどをします。こうした付きまといの行為をストーキングといい、付きまとう人をストーカーと分ける場合もありますが、ここでは行為も行為者も「ストーカー」と呼ぶこととします。

別れたくても相手が承認せず別れられない場合、それはＤＶとなります。別れ話でもめているとか、別れたばかりで相手が納得せず復縁を求めてくるのはＤＶです。一方、そもそも交際していなかったり、交際していたが別れ、それにもかかわらず付きまとってくる場合は、ストーカーといえます。相手の同意がなくても別れを言えば、その時点で恋愛なり夫婦関係は終結とみなせるので、そのあとの暴力的なかかわり（付きまとい）はストーカーの性質を持っていると整理できます。

付き合っていたが別れた後にストーカー被害にあうという事件が、多く起こっています。有名なものとしては三鷹ストーカー殺人事件、逗子ストーカー殺人事件、長崎ストーカー殺人事件、桶川ストーカー殺人事件などがありますが、これ以外にも、報道されるような重大事件が毎月といっていいほど次々と起こっています。報道されないようなストーカー事件はさらにたくさん起こっているので、決して他人事ではないのです。

統計的にも、ストーカー事件は増え続けています。警察が２０１７年の１年間に把握したストーカー被害は２万３０７９件で過去最高となっています。毎年、被害者の９割近くが女性で、被害者の年代別では、10～30代で7割ほどになります。加害者は「交際相手や元交際相手、配偶者や元配偶者」で過半数となります。

ＤＶとストーカーには共通性が多いので、デートＤＶ予防教育は同時にストーカー予防教育の面もあります。ストーカー被害にあわないためにも加害者にならないためにも、シングル単位の考え方を身に着けること、そして、**「別れについて」**正しく学ぶことが有効です。

ストーカー・DV被害の推移

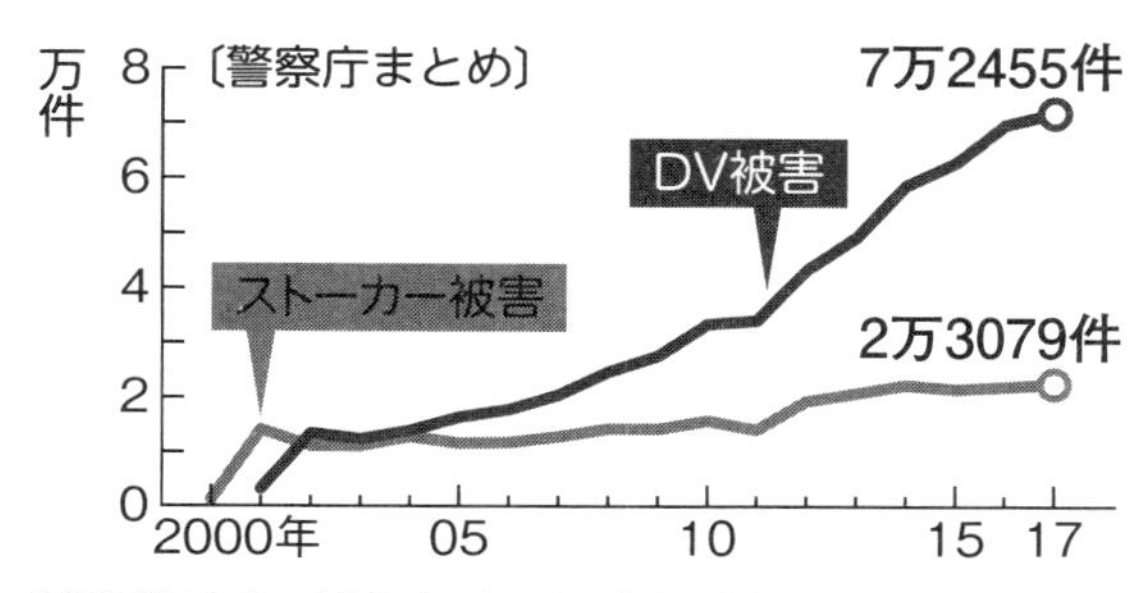

●警察が2017年に把握したストーカー被害は前年比1.5%増の2万3079件
●警察が2017年に把握したDV被害も前年比3.6%増の7万2455件。過去最多
●男性のDV被害者、17.2%の1万2440件
●関係別において「同居する恋人への暴力」が15.9%

図 15

ストーカーや、別れ話のもつれによる事件の事例

ストーカーは身近に起こるということを確認するために、学生の事例や報道になった事件を少し紹介しておきます。

ケース1　学生の事例

交際相手と別れたくて別れ話をしたが、別れられなかった。相手から土下座されたり、「死のうかな」とか「部活やめるわ」と私を困らせることを言われて、２年ほど別れられなかった。「お前だけだ」と、私が見放すとダメだと思わせるようなことを言われた。

ケース2　ストーカー事件の事例

2015年1月、北海道で、大学生Xが女性になりすまし、「同じ大学に通う男性Aにストーカー行為をされている」とウェブサイトに書き込んだため、名誉毀損の疑いで逮捕された。Xはかつて交際していた女性を男性Aに奪われ、仕返しのために女性になりすまして虚偽の書き込みをした。またXは、交際相手の男性Aを装ってスマートフォンから元交際相手の女性の顔や胸などの画像をツイッターに投稿したため、リベンジポルノ法違反罪でも逮捕され追起訴された。懲役2年、執行猶予3年（求刑懲役2年）の判決が出された。裁判官は、女性が別の男性と交際したことへの嫉妬が動機と認め「身勝手で陰湿だ。被害者の精神的苦痛は強い」と指摘した。

ケース3　ストーカー事件の事例

２０１７年８月、東京都で、少年Ａが交際相手である定時制高校４年の女子生徒の首や胸を果物ナイフで複数回刺し、重傷を負わせ、殺人未遂容疑で逮捕された。「好きで好きでしょうがなかった。落ち着いたら出頭しようと思っていた」と供述。二人は飲食店で知り合い、交際していた。女子生徒は周囲に「別れたい」「（少年に）嫌気が差した」と話していた。

ケース4　ストーカー事件の事例

２０１７年９月、埼玉県で、高校１年の男子生徒Ａが、元交際相手の女子高校生とその恋人の少年を刺したため、殺人と殺人未遂の疑いで逮捕された。被害少年は死亡。加害少年Ａと元交際相手の少女は同じ県立高校に、殺された少年は別の県立高校にそれぞれ通っていた。女子生徒は夏休み前、少年Ａ

から暴力を受けたとして友人に相談しており、「次にやられたら別れる」と話していた。友人によると、加害少年Aは、「おとなしいけど授業ではよく発言していた。（暴力的なところは）見たことがない」というタイプだった。加害少年Aは被害少年に対して「（俺の）彼女を取ろうとしたから殺そうと思った」、元彼女に対しては「裏切ったので殺そうと思った」と供述した。

ケース5　ストーカー事件の事例

２０１６年10月、佐賀県で、女性Aが元交際相手に１万６千回超、電話をかけたためストーカー容疑で逮捕された。二人は２００７年ごろまで約２年、交際していた。女性Aは、そのまえにも知人らに「（男性が）結婚をちらつかせた。責任を逃れている」などと記したメールを送っていた。そのため名誉毀損容疑で逮捕されていた。

シングル単位の「別れの考え方」

このように、ストーカーの事例はたくさんありますが、多くの人は「私には関係ない」と思うでしょう。そして、「ちゃんと別れ話をして、相手を納得させていないからストーカーになったのだろう。付きまとわれるほうにも問題がある」とか「自分ならちゃんとした別れ話をして、相手を納得させる。だから、ストーカーになんてあわないだろう」と考えるでしょう。でも、それはまちがいです。

まず、ストーカーはどういう認知で、ストーカーになるのでしょう。ストーカー加害者の心理にはいろいろなものがありますが、典型的なのは、「自分がこんなに好きなのだから、相手もそれを受け入れるべきだ」とか「がんばれば、いつか思いは通じる」とか「ああは言っているけど、まだ完全には拒否されていない」といった意識です。

そして、相手に自分の思いが受け入れられず拒絶され続けると、怒り・怨念（おんねん）・攻撃心・執着心に変わります。「自分はこんなに苦しいのに、相手はあんなに幸せそうで許せない」「俺（私）を苦しめたのは相手のほうだから復讐してやる」といった意識になるのです。**悪いのは相手で、自分は被害者だ**、という被害意識を持つ場合が多いです。

関係がうまくいっているときにはストーカー的でない人も、フラれると相手が好きだった反動で、①フラれること自体の苦しさ、に加えて、②相手が幸せそうだと、自分の苦しさとのギャップで相手を逆恨みしやすいのです。さらに、③復縁したいという思いから、別れたくなった理由を聞かせてほしいとか、悪いところは直すからもう一度チャンスをくれとか懇願（こんがん）したりします。ところが、納得できる理由を得られなかったり相手が話し合いに応じてくれないと、被害意識をもちます。「別れるなら、その理由を聞く権利がある」「自分が納得しないと、別れは成立しない」と思っているのです。

実際、ストーカー行為を繰り返す加害者の心理を把握しようと、静岡県警が意識調査をしたところ※、動機について40％超が「元の関係にもどりたい」と回答しました。

また加害者の4人に1人は、自らの行為をストーカー行為だと認識していないということもわかりました。

※警察庁が2018年1月に発表。調査は2016年6月年から17年5月、ストーカー規制法に基づく警告を受けるなどした加害者117人を対象に無記名式で行われた。

こうした意識がことごとくまちがいだということを伝えるのが、「シングル単位に基づく、別れの考え方と別れ方の学び」です。

ストーカーは先に述べたように「相手が応じてくれて当然」「自分を苦しめる相手が悪い」という感覚をもっています。これらは一言でいうと、「カップル単位感覚での自分の思いこみ（自分の考えこそが正しい）」にすぎません。ですから、その考えと異なる以下のような「シングル単位の考え」を提示して、「あなたのこれまでの考えがまちがっている」と伝えることが有効です。

DV・ストーカーのタイプや加害行為の程度はさまざまなので、全部に必ず有効とまではいえませんが、シングル単位の考え方で「別れ」を学習すれば、かなり多くの

DV・ストーカー予備軍の実行犯化を未然に防ぐ効果が期待できます。「別れ」にも教育が必要なのです。

まず、ここでは簡単に「シングル単位の別れの考え方」を書き出しておきます。

・いくらカップルでも、相手と自分は別々の人格。相手は自分の所有物ではないので、相手の自由や決定を尊重しなくてはならない

・自分がいくら好きでも、相手が自分を好きになる必要はないし、自分の苦しみを相手がケアする必要もない

・好きだと伝えても、相手に断られたらあきらめるしかない

・別れにお互いの同意は必要ない。片方が別れたいと言えば、他方が納得できなくても別れなければいけない

・「フラれるとき、理由を聞く権利がある」「過ちがあっても謝れば許されるべき」「簡単に別れないのが深い愛。別れは裏切り行為」という考えはまちがい

・「別れは当事者二人だけで話し合うべき問題で、第三者が介入すべきではない」と

いうのはまちがい

どうでしょうか。「なんだか冷たい感じがして賛成できないな」と感じる人がいるかもしれませんね。そこで、以下、詳しくこうした「別れ」に関する諸点について考えていきます。

別れ話をちゃんとしないからストーカーされる？

シングル単位の「別れ」の考え方をふまえて、「別れ話をちゃんとしないからストーカーされる」という意見について考えてみます。

まず、よくあるのは次のような意見です。

> 別れたくないという相手の気持ちも考えるべきだと思います。真剣な交際をしていたのなら、その人と結婚するくらいの深い感情があるはずで、別れを簡単に考えるのはおかしいです。別れるとしても、誠意を示すべきと思います。フラれる人にもう一度やり直すチャンスをあげることも大事なのではないでしょうか。チャンスを与えないのは、一方的すぎると感じます。ちゃんと相手の納得・同意が必要なのではないですか。

この意見をもっともだと思う人は、多いと思います。しかし、こうした考えはストーカーにならないための注意・意識が少し足りないと思います。

シングル単位の考えで「別れに同意はいらない」と述べましたが、**話し合いを全部否定しているのではありません**。DVではない普通の関係においての別れなら話し合ったらいいいし、できればお互いの納得があればいいですね。フラれるほうは理由を聞きたいいし、できれば相手に「別れたいという気持ちを変えてほしい」ですよね。

しかし、**DV・ストーカー体質の人は、どんな話し合いをしても納得しない場合が多い**です。「相手(加害者)が納得しないなら被害者は別れられない」ということでいいのでしょうか? 別れにお互いの同意が必要だと考えるなら、被害者はいつまでも加害者から離れられません。それはよくないですよね。ここがまず出発点です。

「別れにはお互い同意が必要」という考えだと、加害者が「別れないという自分」を正当化できるのです。「真剣な交際なら簡単に別れない」という考え方も同様で、加害者はそうした自分の思いに酔い、被害者から見れば勝手な意見の押し付けをしてきます。あたりまえですが、好きだという気持ちが強くても、ＤＶやストーカーをしてはダメです。後で詳しく述べるように、恋愛関係は二人の合意があって初めて成り立つので、片方の気持ちがなくなればそれで終わりだという考え方が一般化しないと、ＤＶ・ストーカーはなくなりません。この認識をまちがうと、あなた自身もＤＶ被害者に「話し合いをするべきだ」とＤＶ加害者の正当化の理屈をおしつける危険性があります。「別れに同意がいる」というのは加害者の感覚だということを理解するために、より深く「恋愛とは何か」「別れとは何か」をシングル単位で考えていきましょう。

別れについて、ちゃんと考えてみよう

それでは、もっと具体的に「シングル単位思考による別れ」について考えてみましょう。

まず、中核的な原理から考えます。**双方の合意があってこそパートナー関係は成り立つので、片方がその意思をなくせば、自動的に結婚（恋愛）は消滅（終結）します**。ここをよく理解してください。関係を続けないといけない（別れることはできない、関係解消の自由はない）、という契約はどこにもないのです。片方に好きだ、関係を続けたいという気持ちがなくなれば、それで関係が終わるのは当然です。

相手が別れたいと言ったら、一度は「別れたくない」といった自分の気持ちを伝えてもいいでしょう。しかし、それでも相手が別れたいと言うならば、明確に納得できる理由などなくても（聞かされていなくても）、あきらめるしかないのです。

交際関係がないようなストーカー事案の場合、相手が「接近しないでください」といったならば接近することはあきらめなくてはなりません。人の気持ちを自分の思うようにしようとすること自体、支配的です。相手が別れたいというのに別れようとしないこと自体が、DVです。

「まだ自分の思いを相手が正しくわかってくれていない」などと言って追いかけることが、いかに相手の安全を脅かし、自己決定を尊重していないかを理解しなくてはいけません。自分の思いとは別に、相手には相手の感覚や考えがあり、**いくら自分の思いが純粋でも、相手には相手独自に決定する自由がある**のです。それを夫婦だからとか、恋人だからといって、「自分の同意なしには決めてはならない」「二人のことは話し合って決めないといけない」と考えること自体が、カップル単位のまちがった考えです。

DV・ストーカーの加害者は、まさにこのカップル単位の考えを押し付けてきます。「自分がなぜパートナーから見切られたのか、その理由を知りたいし、知る権利がある。そうしないと納得できない」「別れは、双方の合意がないとできない」「一方的に別れるというのは契約違反で身勝手だ」「謝ったんだから許してくれ。チャンスをくれるべき」と思っていることが多いです。「自分はまだ別れを納得していない」と言って、相手を問いつめようとしたり、話し合おうと要求し続けがちです。しかも、自分の問題行動を、愛情があるからこそ簡単に別れないのであり、そのほうが正しいとさえ思っています。

一例を紹介します。授業でデートDVのことを学んだあとでも、まだカップル単位の別れの感覚が離れない学生の感想です。

付き合うなかで、ケンカして話し合って、お互い少しずつダメなところを直していくのが、いい関係だと思う。なにも悪いことをしていないのに急に別れを切り出され、一度しか引き止められないのは、理不尽だと思う。何年も付き合っていたのに浮気をされ、別れようと言われて、すぐに納得できるのだろうか。シングル単位が大事といっても、やはり一度は愛し合った相手なのだから、何度も「別れたくない」と言うのが自然なことだと思う。どこで線引きするかは難しいが、よほど度が過ぎた引き止め方でなければ、いけないことではないと思う。相手の気持ちを尊重することが大切というけれど、別れたいというほうも相手のことを考えていないのではないか。

私がもし、彼氏から別れたいと言われたら、理由を聞いて「はいわかりました」とはどうしてもなれない。カップルをそんな簡単な関係にしたくはない。家族関係でも、「今日で家族やめよう」とはならないはずだ。

「愛情が深いから、別れない」はこわい

どうでしょうか。この意見に「わかる！」「そうだよね」と賛成する人は多いのではないでしょうか。こうした「別れについての考え」は一般的といえるでしょう。

この人はその考えがカップル単位的であり、**DV加害者の論理とつながっている危険がある**ということに気づいていません。心情的に持ちがちな「愛しているなら、簡単に別れないという愛情／別れの考え」を、もう一度シングル単位で見直す必要があります。恋愛の常識を問い直すほど、本気で深く考えなくてはならないのです。

この学生の意見を整理しておくと、まず「愛情の深さ（関係の親密さ）」と「別れない」ということは、比例的につながっていると思っています。しかし、それはみんなが認めるべき真理というわけではありません。本人は気づいていないでしょうが、「恋愛関係を大事にしているから、簡単に別れない」というのは、非常に加害者的で危険な側面をもつ発想です。この考えは、自分の思いにばかり目が向いていますね。相手がなぜ別れたいと言っているかを想像する力が弱く、それは「相手の愛情がいい加減だからだ」と決めつけ、「自分の思いが正しい」という傲慢（ごうまん）さにとらわれている危険性があります。相手には、離れる自由もパートナーを嫌う自由もあるのです。相手の「離れる自由」を奪うことのＤＶ性（相手の自己決定の軽視）を理解しないのは、自分の意見どおりになるべきだ、という自己中心の考えが潜んでいるからです。**「自分のことを見捨てるな」「簡単に別れるな」「納得するまで話し合うべき」などという「権利」（抵抗する権限）はだれにもありません**。

また、これに付随して「すんなり別れられるなら、愛が浅かったということ」という考えを持つ人も多いと思いますが、大きな誤解です。自分が愛しているのにフラれるのは、めちゃくちゃつらいです。シングル単位の考えがあれば、苦しみもなくすんなりと別れられるなどと言っているわけではありません。ただ、**すごく好きという愛情の深さ（関係を大事にしているかどうか）と、別れに同意するかどうかは、比例しているわけではない**ということを理解してほしいのです。しかし、ストーカーやＤＶ

加害者は、そこが比例しているという論理をつかって「愛しているから別れない」と言ってきます。それが、この学生の言い分と共通しているところです。「別れると言うなんて、関係を軽く考えている」という決めつけこそ、傲慢な、自分の「正義」の押し付けです。それは非常にDV的な考えなのです。

私はこの学生がいまの段階でDV加害者だとは思いません。しかし、将来、別れ話が出てきたときにDV的になったりストーカーになる危険性がとても高いと思います。

では、シングル単位の別れを習得するためにはどうすればいいか。それは、**いくら愛情が深くても、相手が別れたいと言えば泣いて耐えるしかない、別れを受け入れるしかない**ということです。それが、相手の意思を尊重するということです。

フラれるのは苦しいです。でも、ねばりすぎてはダメです。あきらめて、その苦しみをほかの人に聞いてもらったりして自分で解決するしかないのです。結婚式の誓いの言葉や愛情表現として、「苦しいときも添い遂げる」とか「一生一緒にいようね」などと言っていたかもしれません。しかし、その言葉を逆手にとって「嘘つきだ、裏切りだ」と非難することはできません。フラれて苦しい感情は、自分自身のものです。自分で処理しないといけないのです。

「こっちの思いはどうなる！」加害者の被害意識

「相手の気持ちを尊重しようというなら、別れたくない自分の気持ちも尊重すべき」というのも、重大なまちがいです。**恋愛は、二人の合意があってこそ初めて成り立つもの**なので、片方がしたくないならどうあがいても成立しません。

極端な例ですが、片方が「相手を殺したい」と言って、片方が「殺されたくない」という場合、譲歩して殺したいほうの意志を尊重すべきでしょうか。片方が殴りたいと言っているときや、片方がレイプしたいと言っているとき、それを容認しないといけないでしょうか。交際についても、同じことがいえるのです。「別れたい」という意思と「別れたくない」という意思はおなじ比重で扱う問題ではありません。二人の合意があってこそ、恋愛や結婚は継続できるのです。

少し話が変わりますが、婚姻関係の場合、そこに子どものことも入ってくることがあります。「子どもを片親にしていいのか」「子どもが傷つく」という「正論」で相手の別れたいという希望を否定するのは、ＤＶ加害者の典型的な手口です。これは、自分がＤＶ加害をしたためにパートナーが離れることを決心した、という中心の問題から目をそらしているのです。婚姻関係のなかでのＤＶは、住み慣れた場所のこと、生活水準のこと、経済力のこと、持ち家のこと、子どもの学業、子どもの結婚、世間体、老後のことなどが交錯して、別れを難しくさせます。加害者は、愛とか家族の在り方の「正論」「心情」を使って、「別れないこと」に執着しがちなのです。しかし、離れていく相手が明確な別れの理由を言えない場合（他の人を好きになった等、言えば相手が傷つくような理由）や明確な理由などない場合でも、自分の意志だけで別れが成立することを知っていれば、加害者に言いくるめられることはなくなります。逆にあなたがＤＶをしないためにも、相手には相手の自己決定があり、言いくるめるようなことはよくない（それはＤＶ的なコントロールとなる）と知るべきなのです。

「別れ方」のまとめ

相手が明確な別れの理由を言わなくても、別れたいという意思が明白に示されたなら、あきらめなくてはならないという原則を受け入れましょう。交際関係がないようなストーカーの場合、相手が「接近しないでください」といったならば接近することはあきらめなくてはなりません。それを受け入れないで抵抗することが、DV・ストーカーです。

自分の気持ちを、「私はこう感じている」というIメッセージ（私を主語にした一方通行のメッセージ）として一度（あるいは数回）伝えることはできますが、いつまでも抵抗してはいけません。相手には「自分が納得するまで説明する責任」があるわけではありません。見捨てられるつらい気持ちは、カウンセラーや友人などに助けてもらって自分で対処するしかないと知りましょう。その役割を相手に求めてはいけません。それは、加害行為となります。「課題の分離」をして、自分のすべきことをしていくしかないのです。パートナーがいつまでも相手（フラれる人）の感情のケアにかかわらないといけないということはありません。自分の気持ちをコントロールするためには、ほかのことに熱中したり、カウンセラーや先生、友だちに気持ちを話したり、気持ちを書きだしたり、音楽や映画、マンガなどにひたるといったことが大切です。別れたいと言う相手を「関係を軽視している」「それこそ加害行為だ」と考えるのは、まちがっていると知ってください。

ストーカーとの別れ方

「別れの教育」はこうした考えを入り口として、実際にDV・ストーカー加害者とどのような別れ話をしたらいいか、「安全な別れ方」について具体的に学ぶものとなります。以下、簡単にポイントを紹介します（詳しくは拙著『デートDV・ストーカー対策のネクストステージ』を参照してください）。

まず、別れでもめそうな場合、あるいは別れを告げても抵抗されて付きまとわれる場合、警察に、これまでのDVやストーカーになりそうな事情を話し、DV・ストーカー被害者登録をしましょう。この登録をしておくと、なにか起こったときに110番すれば、事情を言わなくてもただちに飛んできてくれます。警察に行く際には、これまでの交際やDVの経緯を詳しく書いた文書を持っていき、「私の安全の確保をお願いします」と明記しておくのがいいでしょう。

いよいよ別れ話をする場合、信頼できる第三者を同席させて、明確に別れを伝える

「**別れの宣告の場**」を設定します。ストーカーとして警察などが対応するためにも、この「明確に伝える」ことが必要です。密室で二人だけでおこなうのは危険なので、ストーカー・ＤＶについてよくわかっている**第三者（若者の場合、同年代の友人でなく年長者）を伴っておこなう**ことが必要です。その時に、一度は明確に「もう好きではありません」「あなたが怖いです」「今後は絶対に付きまとわないでください」「今度、私の目の前に現れたら、ただちに警察に通報します」と通告しましょう。**あいまいな表現や態度ではダメ**です。相手を怒らせるからと「ちょっと距離をとりましょう」「忙しいので会うのを減らしましょう。また私から連絡します」というような「間接的表現」では、ストーカーは「まだ自分に好意がある」「はっきりと嫌い、別れると言われていない」と思い、逆効果になります。「相手のプライドを傷つけない」とか「恨まれたくない」というような優しさや弱さから明言を避け、逃げてはダメです。

別れ話の後は警戒して、一人にならないように注意します。親や学校、職場、知り合いなどに事情を話し、加害者がきたらすぐに通報するよう伝えておきましょう。

執着心（別れへの抵抗）を正当化しない視点

別れにおいても、DVかそうでないかのあいだにグレーゾーンがあります。それを表したのが、**「別れへの抵抗」のグレーゾーンの図**（154ページ）です。別れについての抵抗の程度には多様なものがあり、図の上に行くほど相手への執着心が強く、DVやストーカーの危険性が高い態度ということがわかります。

Aレベルの「最悪の執着心」とは、相手が「別れたい」と言うと、「絶対認めない」「殺す」などという凶悪な態度をとるものです。Bレベルの「ひどい執着心」では、「別れない！」と怒り、「裸の写真を流してやる」「ひどい奴だ、裏切りだ」「だれか新しい男（女）ができたんだろう」と罵（ののし）ったり脅したりします。Cレベルの「かなり強い執着心」では、「自殺する」と言ったり、別れた後も追いかけたりSNSに悪口を書き込むなど、ストーカー的な行為をします。Dレベルの「少し強い執着

「別れへの抵抗」のグレーゾーンの図

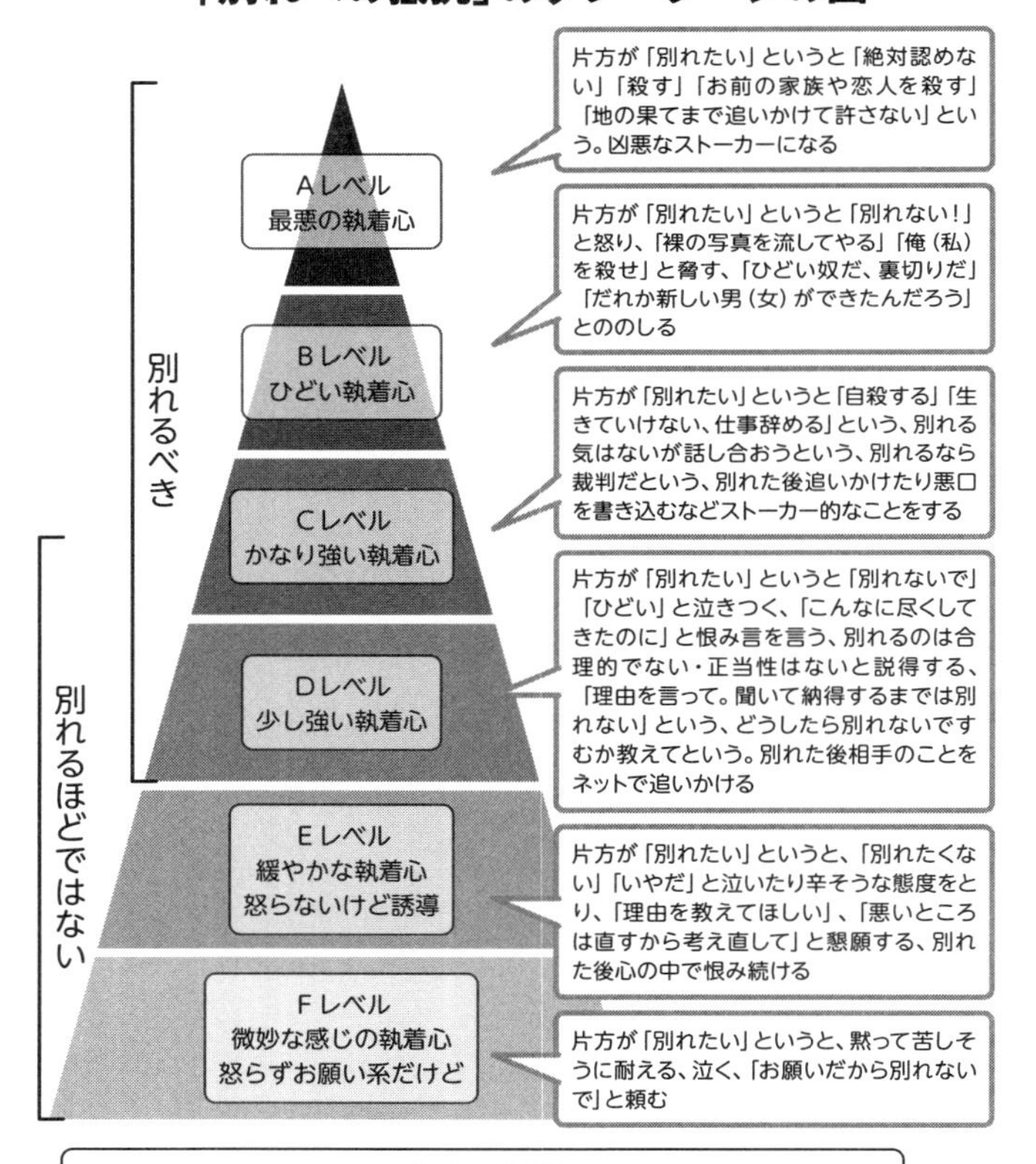

健全な関係

片方が別れたいというと、苦しくても受け入れる。Iメッセージで「別れたくない」と1、2度言う程度は問題ないが、理由を言ってくれなくても、言われた理由が納得できなくても、別れを受けいれる。泣いて耐える。恨まない。心の中は苦しくても、それを相手に出さない。ストーカー、リベンジ行動をとらない。相手の幸せを願う、一時期でも付き合ってくれたことに感謝する。次の行動に前向きになる

図 16

心」では、「別れないで」「ひどい」などと泣きつき、「こんなに尽くしてきたのに」と恨み言を言ったり別れた後も相手をネットで追いかけたりします。

以上の言動はDV性が顕著ですが、以下の2つは攻撃性が少ないレベルです。Eレベル「緩やかな執着心」では、別れを切り出されると、つらそうな態度をとり、「理由を教えてほしい」「悪いところは直すから考え直して」と懇願(こんがん)します。ストーカー行為はとらないけれど、心の中で恨み続けたりします。もっとも軽いFレベル「微妙な感じの執着心」は、黙って苦しそうに耐えるとか、泣くとか、まったく恐怖を与えずに「お願いだから別れないで」と頼むようなものです。

このように、執着心にもグラデーションがありますが、DV性・ストーカー性のない「健全な別れ」とは結局どんなものかというと、別れに対して、その理由を言われなくても、言われた理由が納得できなくても、別れを受けいれるものです。心の中は苦しくても、それを相手には出しません。ストーカーやリベンジ行動をとらず、がんばって相手の幸せを願います。一時期でも付き合ってくれたことに感謝し、次の行動に前向きに移ることで苦しさから脱出しようとします。現実には完璧でなくとも、そういう方向で相手の意思を尊重する人は、ＤＶ・ストーカー的な執着心を克服しているといえます。

この図の上のほうの言動（特にＡ～Ｃ）がよくないことは、冷静に考えればわかると思います。さらにいえば、そうした危険なことにならないためには、より軽い段階の時点で、別れに抵抗する言動（嫉妬や執着的なこと）に警戒しておく必要があります。できるだけシングル単位的な関係とシングル単位にもとづく別れの考えを、普段から心がけることが大切です。

つまり、「別れの教育」は、別れに際してこの図の上位・中位（Ａ～Ｄ）のような対応をとってはならないことを理解し、できるだけ下（Ｅ、Ｆ）、できれば一番下の、「健全な関係」＝「相手の別れたいという意思を尊重する」ような、シングル単位の考えになるようにするものといえます。これまでは、こうした「別れ」について学ぶ機会が与えられなかったために、加害者の多くは別れに対して、Ａ～Ｆのようなことをしてもいいと思ってきたのです。こうした図を使った整理が必要と思います。

必須教科としての「別れの教育」

以上のような新しい「別れについての考え」を身に着けていく教育が、中学・高校・大学で提供されれば、ＤＶ・ストーカーは減るでしょう。たとえ被害にあっても、被害者は逃げやすくなるし、自責の念を持たなくてもすむようになります。警官や教師、家族も、加害者に対して「学校で『別れに同意は不要』って教わったでしょ？あなたがいくら好きでも、もうあきらめるしかないのよ。泣いて耐えるしかないよ」と言えます。ＤＶ・ストーカーの加害を抑制できる可能性が高まります。ＤＶを減らすためには、早い段階からＤＶ・ストーカーにならないための**「健全な交際のあり方の教育」**が必要です。そして、悪化防止・再発防止のために、被害者と加害者に対する相談と教育プログラムの整備が必要です。２０１７年に全国で初めてストーカーに特化した相談センターが、京都府警に設置されました。こうした場が増え、うまく機能し、予防教育と加害者更生プログラム、相談体制の充実、警察の対応などが連動することで、ＤＶ・ストーカー事件が減ると考えます。

ＤＶ・ストーカーを事件化しないためには、**早い段階で警察が積極的に加害者に注意し、継続的に加害者に接して様子を見守るかかわりが重要になる**と私は考えています。被害者も早期から積極的に警察に相談し、ＤＶやストーカーに一緒に対応してもらうように、その「利用」の仕方を身に着けることが大事です。

事件報道のなかには、警察に相談していたのに殺されたケースもあり、ＤＶやストーカーについて「警察に相談するとかえって加害者が怒って危険だし、警察はなにもしてくれないから、言わないほうがいい」と思っている人がいます。これは大きなまちがいで、**警察に相談すれば多くの場合、加害行為は止まります**（８〜９割は止まるという調査が多いです）。警察をちゃんと使うことこそ、現実的な選択肢です。

私は１９９０年代からジェンダー論の一部として、性暴力・ＤＶについての教育をおこなってきました。そして、２０００年代初頭ごろからデートＤＶ予防教育のなかで「別れに同意はいらない」と伝えてきました。当時、どこにもそういった考えはなく、フェミニストや被害者支援の人からも「別れに同意はいらない」という主張には反発がありました。講演や著作の普及によって、徐々にその誤解は解け反発は少なくなり、「別れに同意はいらない」という考えは広がっています。しかし、まだまだこの考えを広げていく必要があると思っています。読者のみなさんも、周りのお友だちにこの「シングル単位の別れの考え」を伝えてあげてください。

コラム　性欲もシングル単位で考えよう

「手をつなぐ」ことも性的暴力になりうる

ＤＶのなかには、「性的な暴力」というものもあります。「性暴力」というと、レイプ（強姦、強制性交）、つまり「暴力によって無理やりセックスすること」のみをイメージしがちです。でも「デートＤＶのなかの性暴力」はとても多様です。

付き合うと、手をつないだり、肩を抱いたり、腰に手を回すことがありますよね。しかし、それも相手の同意があってこそ、やってもいいことです。「キスもしたんだから、手ぐらいつないでも、当然いい」と思うかもしれませんが、そうではありません。先週手をつないだから今日もつないで当然よい、ということにはなりません。また、部屋の中で手をつないでも、みんなが見ている通学路や教室で手をつないだら、相手は嫌がるかもしれません。そういう同意のない接触行為は、性的なＤＶになります。

相手の体に触れることは、相手の同意があってこそやっていいことです。「手をつなぐことを嫌がるのは、自分のことを好きでなくなったからだ」と勝手に怒る権利はありません。好きだとしても、「今日は手をつなぎたくない」とか「学校でほかの人が見ている前でいちゃいちゃしたくない」と思うことは、あって当然です。

相手の気持ちを尊重するのが、シングル単位感覚でのかかわり方です。性についても、相手は自分で決める権利があります。**シングル単位での性的な自己決定権**の考え方を持ちましょう。最近は、こうした「性的行為には相手の同意が必要」という考えを「セクシャル・コンセント」（性的同意）という言葉で伝える動きもあります。

【セクシャル・コンセント】※

・同意のない性的言動は性暴力である
・性的な行為へ進むには、お互いの積極的で明確な意思表示（同意）があることが大切
・「明確な拒絶がないことはYES（同意）である」と考えるのはまちがいである
・コミュニケーションには、非言語的なものもあるが、性的言動に関しては、基本は明確な言語で同意を得る必要がある
・性的同意の3要素に、①非強制性（NOと言える環境がある）、②対等性（力関係に上下がなく対等）、③非継続性（ひとつの行為への同意は他の行為への同意を意味しない。たとえば一度キスしたからセックスも同意していることにはならない）、がある
・アクションを起こす側に、同意をとる責任がある
・判断できることが前提なので、酒やドラッグで十分な判断ができないときの性行為は暴力である。また寝ているとか意識を失っている人への性行為も暴力である
・途中で意思を変える権利があるので、性的行為が始まっても相手が中断を望めばそ

れ以上してはならない

・権力関係を使って操作したり強要することで得た形式的な「同意」は有効ではない

・相手が話さず反応に困っているような場合は、同意に疑問があるので、いったん行為を停止し、意思を確認するのがよい

・被害者になりうる人は、我慢せず、嫌なときははっきりと「イヤ」、「したくない」と言ってもいいのだと知っておく

・いつ・だれと・どのように性的かかわりを持つかは、自分で決めることができるという「性的自己決定権」および、妊娠や出産も含め広義の「性に関するすべてを包括する性的権利」を個人単位で尊重することが大切である

※『セクシャル・コンセント・ハンドブック』（一般社団法人「ちゃぶ台返し女子アクション」製作、2018年4月発行）をベースに筆者作成

このような考え方を広げていけば、さまざまな性的な「暴力」が見えてきます。もちろん、なんでも「性暴力だ」と言っているのではなく、そこには程度の軽いものか

ら重いものまであります。性的な暴力に敏感になり、よりよい関係を築いていくことが大事ですね。それが、デートＤＶに近づかないための一歩です。

さまざまな性的暴力

性的暴力には、相手が嫌がっているのにむりやり性行為をする、というひどいものから、セックスを断られたからといって不機嫌になるというものまで、グラデーションがあります。この**あくどさの程度の差**をまとめたものが、「性的なデートＤＶ」のグレーゾーンの図（１６８ページ）です。

上位は明らかにひどいものですが、下半分（レベルＤ・Ｅ・Ｆ）のようなことは、実は多くの人がしている（されている）のではないでしょうか。Ｄレベルの「セックスのことを他人に話す、自慢する」「コンドームを使わない」「デートのたびにセックスする（ほかのことをしようと相手が提案しても却下する）」「相手の同意を確認せず、すぐに体をさわったりキスしたり写真を撮ったりする」「自分好みのセクシーな服を着させる」といったことに思い当たる人はいませんか？

Ｅレベルの「無理やりではなく『しようよー』などと言ってなし崩し的に性的な行為にもっていく」「怒らないが説得して結局自分の思い通りに誘導する」などはどうですか？

さらに、一応軽いほうとしているＦレベルの「セックスを断られると不機嫌になる」「冗談っぽいが少し本音が隠れているような感じで『太ったなー』などと言う」「すぐに他の人を外見で評価する」はどうでしょうか。

この図を見てわかるように、恋愛と性的な行為は密接につながっており、デートＤＶは身近なことなのです。

加害者は自覚がない場合が多いので、「こういうこともダメなのだな、ちゃんと相手の同意を明確に得ることが大事なんだな」と肝に命じておきましょう。相手が嫌がっていないか、相手は本当にうれしいのか、拒絶の気持ちを持ちながらも、本当のことを言えない状態ではないか、そのあたりを正しく認識しなくてはなりません。付き合っているんだからセックスやキス、手をつなぐなどに応じてくれて当然だろうなどとは、思ってはならないのです。

また、被害者になりうる人は、我慢せず、**嫌なときははっきりと「いや」「したくない」と言ってもいい**と知っておいてください。「付き合っているから、しなければならない」「相手の欲求を断ってはいけない」「雰囲気を壊してはいけない」などと思う必要はありません。本当に好きで、あなたのことを大事に思う恋人なら、「いや」と言われたことは絶対にしません。不機嫌になったりもしません。だって、あなたに嫌われたくないからです。

性欲を満たすことだけを考えている恋人なら、思い通りにならないと怒ったり不機嫌になったり、「交際しているのだから、こうするのが当然だ」「僕のことを愛しているならできるだろ」などと押し付けてきます。「カラダ目当て」なのか、「本当に好き」なのか、よく見極めてくださいね。

「性的なデートDV」のグレーゾーンの図

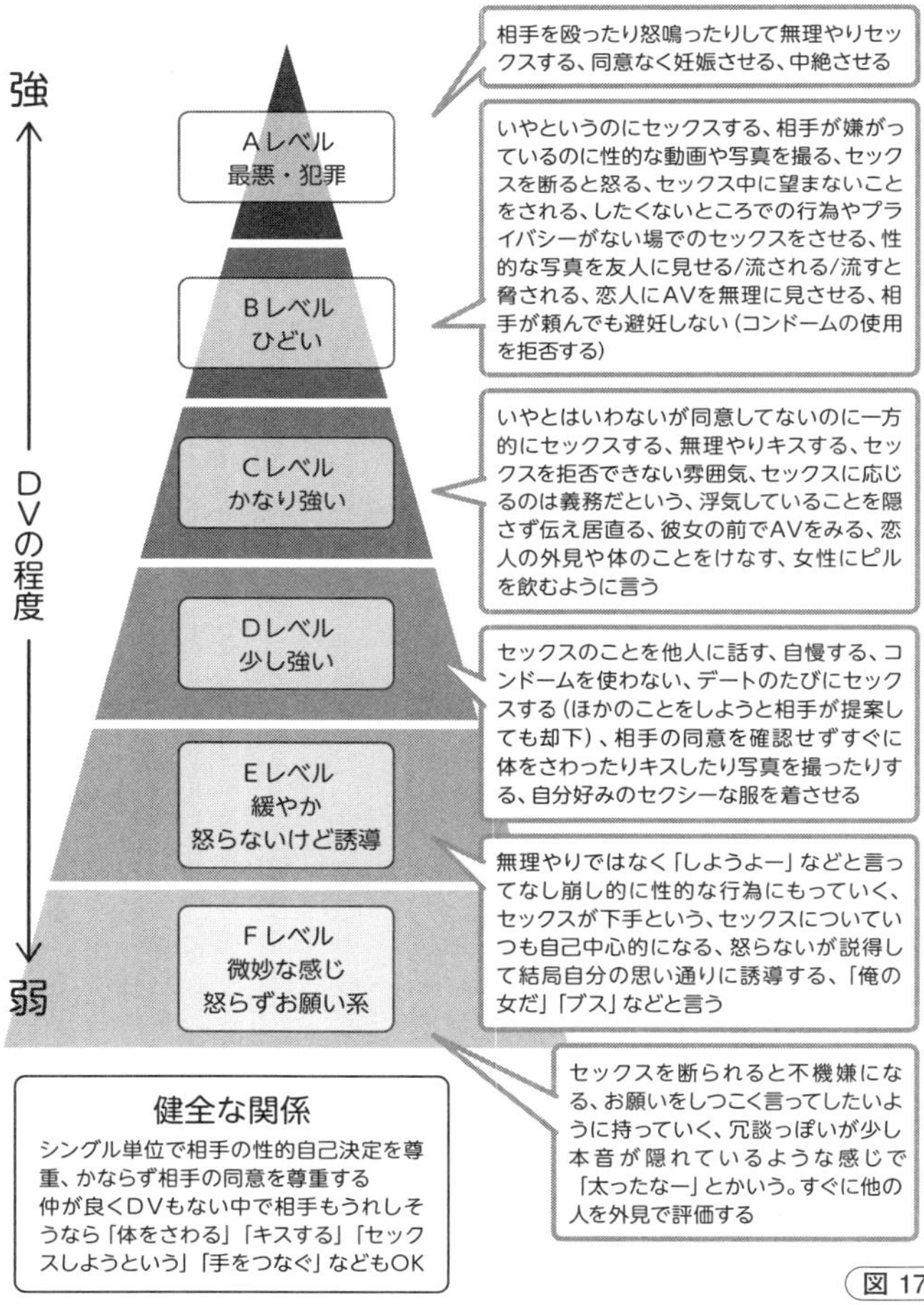

強
DVの程度
弱

Aレベル
最悪・犯罪

相手を殴ったり怒鳴ったりして無理やりセックスする、同意なく妊娠させる、中絶させる

Bレベル
ひどい

いやというのにセックスする、相手が嫌がっているのに性的な動画や写真を撮る、セックスを断ると怒る、セックス中に望まないことをされる、したくないところでの行為やプライバシーがない場でのセックスをさせる、性的な写真を友人に見せる/流される/流すと脅される、恋人にAVを無理に見させる、相手が頼んでも避妊しない（コンドームの使用を拒否する）

Cレベル
かなり強い

いやとはいわないが同意してないのに一方的にセックスする、無理やりキスする、セックスを拒否できない雰囲気、セックスに応じるのは義務だという、浮気していることを隠さず伝え居直る、彼女の前でAVをみる、恋人の外見や体のことをけなす、女性にピルを飲むように言う

Dレベル
少し強い

セックスのことを他人に話す、自慢する、コンドームを使わない、デートのたびにセックスする（ほかのことをしようと相手が提案しても却下）、相手の同意を確認せずすぐに体をさわったりキスしたり写真を撮ったりする、自分好みのセクシーな服を着させる

Eレベル
緩やか
怒らないけど誘導

無理やりではなく「しようよー」などと言ってなし崩し的に性的な行為にもっていく、セックスが下手という、セックスについていつも自己中心的になる、怒らないが説得して結局自分の思い通りに誘導する、「俺の女だ」「ブス」などと言う

Fレベル
微妙な感じ
怒らずお願い系

セックスを断られると不機嫌になる、お願いをしつこく言ってしたいように持っていく、冗談っぽいが少し本音が隠れているような感じで「太ったなー」とかいう。すぐに他の人を外見で評価する

健全な関係

シングル単位で相手の性的自己決定を尊重、かならず相手の同意を尊重する
仲が良くDVもない中で相手もうれしそうなら「体をさわる」「キスする」「セックスしようという」「手をつなぐ」などもOK

図17

妊娠と性感染症

妊娠しないためには、正しい性知識を持っていなくてはなりません。「コンドームをつけなくても、膣外射精すれば大丈夫」「安全日なら妊娠しないはず」「射精前にコンドームをつければいい」といったまちがった情報で行動するのも、デートDVです。

また「妊娠したら結婚すればいい（責任を取ればいい）」「中絶費用を出せばいい」という考えもまちがいです。結婚は人生の重大事であり、相手がその段階で本当に望んでいるかは不明だからです。中絶は身体や心に大きな影響を与える可能性が高いものだからです。今後、大学にいったり、就職したり、さまざまなことを経験する可能性がある人の選択肢をせばめてはいけません。結婚相手として見極めていないかもしれず、若くして親になるのは経済的にもかなりの準備が必要です。簡単に結婚すればいい、というものではありません。

コンドームを使わないことは、重大な性暴力です。また、コンドームを使う必要が

梅毒感染者の動向

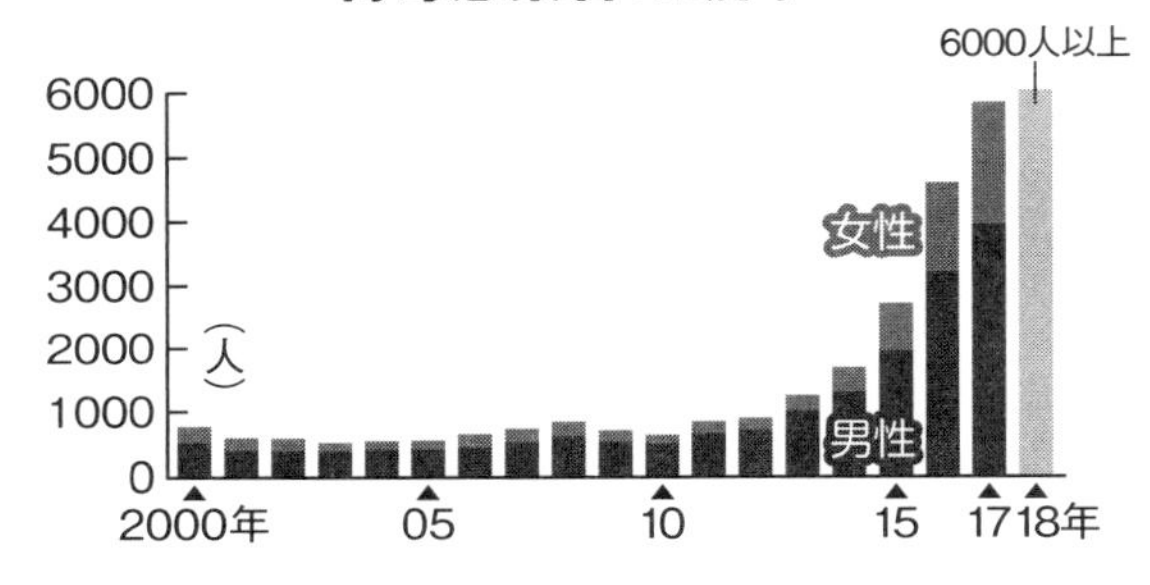

※国立感染症研究所調べ。
18年は4月17日現在で、男女の内訳は未集計

図 18

あるのは避妊（妊娠予防）のためだけでなく、エイズやクラミジア、梅毒などの性感染症を予防するためでもあります。性感染症の一部は若い人のあいだでも増えています。梅毒の患者は急増しており、2012年まで1000人以下でしたが、そこから5年で5000人を超えるまでになりました。患者は20～40歳代の男性に多いですが、20歳代の女性の増加も顕著です。

増えているリベンジポルノ

今や、スマートフォンはだれもが持つ時代です。簡単に写真や動画が撮れ、ネットにつながり、SNSに参加できます。そのため、DVやストーカーもそれらに絡んだ形でおこなわれ、リスクが高まっています。よく見られるのが、性的な写真をめぐるトラブルです。裸の写真など性的な写真は、愛情や親密さの表れとして「恋人から頼まれると断れない」と考える人がいます。しかし、そうした写真が別れた後に復讐や復縁を迫るために使われることがあり、それは「**リベンジポルノ**」と呼ばれています。

加害者は、フラれた腹いせに軽い気持ちで「一回程度なら大丈夫だろう」とか「ちょっとした嫌がらせなだけ」などと重大さに気づかずに、相手の性的な写真をSNSにアップしてしまうのです。

ですから、相手がだれであれ、エッチな写真をとることの危険性を認識しましょう。撮影した相手がスマートフォンを落とすかもしれません。クラウドなどで外部のコンピューターに写真が保存されたり、SNSで非公開に保存していても、第三者に盗まれる危険性があります。フリーWIFIのハッキングでデータが盗まれることもあります。そして、なんといっても、仲がいいときにはそんなことをしないような人でも、別れ話で逆上すると、リベンジポルノ的な行為をしてしまう場合があるので、写真を軽く考えてはなりません。

出回った自分の裸の写真を、将来、パートナーや子供が見るかもしれません。親にも友人にも見られるかもしれません。一度ネットにアップされると、供給元（プロバイダー）から消しても、すでにコピーされてしまって半永久的にネット上に残る可能性があります。交際相手が写真を撮ろうとしたら、「いやだ」「写真はとらないで」とはっきり言いましょう。

性欲もシングル単位で対処すること

女性でも男性でも、性欲はあってもいいものです。恥ずかしがることでも、いやらしいことでもありません。しかし、自分の性的欲望によってだれかを傷つけてはいけません。

現代にはさまざまな「2次元情報」（テレビ、雑誌、ネット、ゲーム、マンガ、アイドルなど）があり、それをどう楽しむかはそれぞれの自由です。しかし、それらには「売るための商品」という側面があり、真実ではない面、過剰に性欲をあおる面、人権に配慮しないひどい内容である場合などもあります。

ですから、マンガやAV情報を鵜呑み（うの）にし、それを恋人に適用すると、相手を傷つける場合があるのです。たとえば、AVのようなやり方でセックスをすると、相手は不快な場合が多いです。それと知らずにひどいことをするのも、デートDVになりえます。2次元情報を内面で楽しむのは自由ですが、それを表出することは危険性があり、区別が必要です。自分の欲望のために生身の人間を苦しめるのはダメです。

シングル単位の観点だと、相手と自分の性欲のあり方はちがうことを前提に、その表出は相手の同意があって初めておこなえることになります。そこを理解せず、**自己中心的に自分の欲望に突っ走るのは、デートDV**だと確認しておきましょう。

おわりに

デートDVやストーカーの被害者にも加害者にもならないために、これらについてちゃんと学ぶことが大事です。そして学んだ人が非暴力の実践をして見せていくことで社会全体も変わっていくと思います。

社会全体がすぐに非暴力になるということは難しいですが、まず自分が暴力的・支配的でなくなることはできます。友人や家族、職場の人に暴力的でなくなること、非DVのカップル関係を見せていくことはできます。

次に、適切な相談相手になるということも大事です。あなたの周りにはさまざまな暴力や支配がありますから、いい相談相手になり、一緒に専門相談に行くとか、一緒に対処策を考えていくことができます。

そして、あなたが将来大人になっていくなかで、学校や家庭、職場でも、若い人に非暴力的にかかわることが大事です。接し方や育て方、指導の仕方を、シングル単位

＝課題の分離を中心にしたものに変えていくことで、社会はよくなっていくでしょう。今まではそういうアプローチがなくて、親や先生、上司が暴力的・支配的・DV的・パワハラ的・体罰指導的なかかわりをよくしていたのです。

あなたから暴力的なことに敏感になって、「支配やいじめ、DVや体罰指導」と逆の行動をとっていきましょう。

本書によってDVや暴力、非暴力に興味を持った方は、本や大学、講座やネット情報などで引き続き勉強を続けていってくださいね。

【著者】
伊田広行（イダヒロユキ）

ＤＶ加害者プログラム・ＮＯＶＯ（ノボ）運営者。デートＤＶ予防教育ファシリテーター。立命館大学等、大学非常勤講師。「ユニオンぼちぼち」執行委員。各所での有償・無償での相談活動（行政での男性相談、貧困相談、労働相談、ＬＧＢＴ相談、自殺関連相談等）をおこなっている。

著書に、『閉塞社会の秘密——主流秩序の囚われ』（アットワークス、2015年）、『新版<働く>ときの完全装備——15歳から学ぶ労働者の権利』（解放出版社、2016年）、『デートＤＶ・ストーカー対策のネクストステージ——被害者支援／加害者対応のコツとポイント』（解放出版社、2015年）、『続　デートＤＶ・ストーカー対策のネクストステージ』（Kindle、2015年）、『ストップ！　デートＤＶ——防止のための恋愛基礎レッスン』（解放出版社、2011年）、『デートＤＶと恋愛』（大月書店、2010年）、『アドラー心理学で学ぶジェンダー論——主流秩序の視点からの新しいアプローチ』（Kindle、2018年）、『はじめて学ぶ主流秩序論』（Kindle、2018年）ほか

45ページの図について：私はこのゆで卵のたとえを2007年ごろにレジリエンスの講義で聞いて、私が1990年から唱えているシングル単位の感覚を伝えるにはいいなあと思ったので私なりに改変してそれ以降使わせていただいています。

シングル単位思考法でわかる　**デートDV予防学**

2018年12月20日　初版発行
2021年3月20日　第3刷発行

著　者——伊田 広行
カバー・本文デザイン——佐藤 香代（SATO DESIGN）
イラスト——今井 ヨージ
発行者——竹村 正治
発行所——株式会社かもがわ出版
〒602-8119　京都市上京区出水通堀川西入亀屋町321
営業　TEL：075-432-2868　FAX：075-432-2869
振替　01010-5-12436
編集　TEL：075-432-2934　FAX：075-417-2114
印　刷——シナノ書籍印刷株式会社

　Printed in Japan　ISBN 978-4-7803-0995-9 C0036

※視覚障がいなどで活字をそのまま読むことができない方には、テキストファイルをお送りします。本書カバー端の点線を切り取り、お名前、住所、電話番号、メールアドレスを添えて次の住所にお送りください。
〒602-8119　京都市上京区出水通堀川西入亀屋町321　かもがわ出版編集部